重庆市人文社科重点研究基地"重庆市儿童教育发展研究中心"资助成
重庆第二师范学院重庆市青少年国际理解教育研究所（2022xjyjs08）研究成果

新时代儿童
国际理解教育
理论构建研究

田振华　季颜骏　王　凡　著

重庆大学出版社

图书在版编目(CIP)数据

新时代儿童国际理解教育理论构建研究／田振华，
季颜骏，王凡著. -- 重庆：重庆大学出版社，2024.
12. -- ISBN 978-7-5689-4826-5

Ⅰ. G61

中国国家版本馆 CIP 数据核字第 2024WE3834 号

新时代儿童国际理解教育理论构建研究

XIN SHIDAI ERTONG GUOJI LIJIE JIAOYU LILUN GOUJIAN YANJIU

田振华 季颜骏 王 凡 著

责任编辑：唐启秀　　版式设计：唐启秀
责任校对：刘志刚　　责任印制：张 策

＊

重庆大学出版社出版发行
出版人：陈晓阳
社址：重庆市沙坪坝区大学城西路 21 号
邮编：401331
电话：(023) 88617190　88617185(中小学)
传真：(023) 88617186　88617166
网址：http://www.cqup.com.cn
邮箱：fxk@ cqup.com.cn（营销中心）
全国新华书店经销
重庆正文印务有限公司印刷

＊

开本：720mm×1020mm　1/16　印张：7.75　字数：128千
2024 年 12 月第 1 版　2024 年 12 月第 1 次印刷
ISBN 978-7-5689-4826-5　定价：58.00 元

本书如有印刷、装订等质量问题，本社负责调换
版权所有，请勿擅自翻印和用本书
制作各类出版物及配套用书，违者必究

前　言

　　思想家、哲学家柏拉图提出"我是谁？我从哪里来？我要到哪里去？"的问题，这个伟大的哲学命题一经提出就困扰着无数人。随着人类社会的发展进步，这个哲学之问也一直处于不停的追溯之中。地球发展了46亿年，人类存在了二百多万年，人类文明发展了七八千年，对于这个终极之问充斥着各种各样的预言和传说。当今世界，各个国家均面临着对这个终极哲学之问的思考，尤其是对关乎人类前途命运的考量，人类社会到底会走向何方？随着科技的进步，世界各个国家都面临着文化、价值、权利冲突的新挑战、新问题，此种情况下，人类世界应该以教育为窗口进行革命，从儿童教育阶段开始负起责任和变革的使命，为人类提供发挥潜能的机会，强调尊重生命、人类尊严和文明之间的包容共生，只有这样才能在构建人类命运共同体的道路上迈出坚实的一步。在儿童发展核心素养中融入跨文化的知识教育，儿童才能更好地了解世界，增强跨文化交流的能力，从而更好地适应世界的变化。这是以儿童国际理解教育践行人类命运共同体理念的重要一步，也是站在构建人类命运共同体的理念高度，以儿童国际理解教育为路径，寻找发展和前进之路。

　　人类命运相互关联、相互依存，大家共同乘坐在诺亚方舟上，从现实向理想的彼方远航。在这条充满风波与挑战的航路上，儿童国际理解教育的发展就是一张路线明晰的航图，为我们指引教育前进的方向。通过培养儿童的国际视野和文化意识，增强人们跨越不同国家和文化之间障碍的能力，促进不同国家和民族之间的理解与和谐，最终从儿童到社会达成国际理解的一致，才能真正实现人类命运共同体的理想。

编者

2024 年 6 月

目 录

第一章　儿童国际理解教育研究回溯

一、儿童国际理解教育研究概论

（一）时代背景

第二次世界大战以来，人类社会总体形成了和平、有序、可控的国际关系体系，促进经济发展、加强人文交流、推动科技创新成为各国共识。进入 21 世纪，人类社会生产力水平明显提高，特别是在信息技术的支持下，人类社会在空间上的距离感、时间上的存在感乃至文化上的差异感都急剧压缩。在一个压缩的社会结构里，人类社会的运行轨迹发生了明显变化。如今，信息技术又迈上新的台阶，大数据与数字技术的运用推动时空压缩对社会运行的效果进一步显现。不断推出的技术让地球的空间变得无隙可存，以至于现代人对空间维度的体验收缩成"远程通信的一个'地球村'"[①]。然而，新冠疫情却暂时阻隔了"地球村"的连结，经济社会发展不确定性的增强使得"逆全球化"成为新的主题。事实证明，人类在面临全球性公共性危机面前，仍然无法取得一致，公共危机对人类社会发展稳定性的影响日益突出。在全球化的今天，社会运行不断加速，如若重大公共危机长期不能消解，必定会扩大、激化国际社会中的旧有矛盾，产生新的偏见与分歧，导致国家孤立主义的抬头，不同文明、制度的国家将极易陷入零和博弈的思维。回溯过去，我们可以发现，国家经济的发展时刻影响着理论的诞生。当社会经济发展保持稳定时，理论的产生更加倾向于为经济发展服务，指导公共危机事件的政策变得更加温和，反之则不然。这一切，就是当前对儿童国际理解教育时代背景的整体判断，时空的压缩、公共危机的爆发、经济发

[①]　黄金辉,黄杰.当代时空压缩场域对重大传染病疫情扩散的影响及其治理研究[J].社会科学,2021(8):25-32.

展水平成为实施儿童国际理解教育最大的时代背景,我们必须审慎把握儿童国际理解教育研究的现实环境。

通常我们认为,"全球化是各国相互联系和相互依存不断加深的过程,是人类社会发展的必经之路,因而也是一种不可逆转的历史发展趋势"。[①] 然而,纵观人类从原始社会到资本主义社会的演进过程可以发现,世界政治经济秩序本质上是由主权国家或者集团之间通过相互的力量角逐进行制约的,每一个享有独立主权的国家或者集团都会首先强调自身利益,维护自己的权益。明确国家主权仍然具有最高理性的原则,对于我们在全球化趋势下理解和实施儿童国际理解教育有了更清晰的目标定位。儿童国际理解教育作为对战争与暴力的反思,体现了人类社会对和平发展的主张和向往,体现的是整体性发展的思想,是对人类自身作为一种"类存在物"的共同属性的确立。在全球化背景下,儿童国际理解教育所倡导的相互依存、平等相待、互商互谅等内容体现出更为宽泛的精神实质。首先,积极弘扬各自民族独有的文化特质是全球人类社会共存的必然。教育本身旨在培养人们对自己国家文化的认同感和自豪感。国际理解教育侧重让儿童在学习过程中理解、传承、发扬本国的文化特色,树立良好的民族自信心与自尊心,进而以开放包容的心态了解他国文化,用求同、存异的心态认识不同文化必然存在的差异。其次,立足国际化视野与全球胸怀,养成以"共同体"为核心的思维是培养儿童成长为未来向度世界公民的应有选择。国际理解教育旨在提高相互依存的意识,培养儿童将民族国家内的政治制度、社会体系、民族文化融入人类命运共同体,以长时段的思维去理解目前全球化发展下国际社会中人类共同面临的问题,以期实现世界各个国家多元价值的和谐共存。再次,全球化将世界各国融为一个存在的整体,绿色、开放、共享的可持续发展目标需要更多的国际沟通与合作。现代社会的组织运行模式把每个公民都视作国家的一部分并将其囊括到"地球村"中,单独的个人无法脱离全球社会而单独存在。综上,国家、民族的发展归根结底在于"个人"始终是人类社会"共同体"的一部分,每一个社会公民都必须携手共进,共同谋求更加紧密的联系。儿童处于意识理念的培育期、情感态度的成长期、技能培养的黄金期,国际理解教育的及时介入旨在养成儿童以尊重、客观、公平的态度与其他国家进行交流协商,

---

① 江时学."逆全球化"概念辨析:兼论全球化的动力与阻力[J].国际关系研究,2021(6):3-17,153.

掌握必备的交流技能、形成跨界思维,共同处理国际中的矛盾,促进全人类朝着共同方向前行,实现全人类的共赢。

生产力的发展促进了人类社会的普遍交往,为人自由而全面的发展做了物质上的准备。一方面,国别史、民族史逐渐转变为世界史,形成了相互依存的现状;另一方面,全球性组织的发展仍然依托于主权国家的存在,而国家的发展及其交往则构成了人类命运共同体的现实基础。尽管马克思主义提出了在未来生产力极大发展的前提下,人类社会可以进入共产主义社会进行按需分配,但现有的生产力水平显然达不到这样的标准。那么,国家在现实交往中就势必选择单方面发展自身利益,不可避免地挤压他国的战略空间。如何在理想与现实之间构建一个全球治理方案,需要我们在人类命运共同体理念下,开展国际理解教育以培养具有人类命运共同体意识的未来公民。"从全人类长远利益出发来考虑问题,世界各国和各地区不应从短期国内政治需求出发来制定政策,而应加强协调合作,共担风险,结合成真正的人类命运共同体,并形成一致的认可和共识。"①人类命运共同体理念的提出正是对这一症结的回答。中国作为世界上的文明古国之一得以延续至今,和中华文化密不可分。中国向来追寻的便是"和",不论是个人还是社会,都希望在"安"中成长,强调的是以德服人。西方传统文化也同样有着对和平与正义的追求,例如亚里士多德所认为的只有追求正义才能获得和平的基础的观点,康德的主权国家相互平等的观点。在人类命运共同体的构建下,儿童国际理解教育就是立足"人类"存在的唯一性,聚焦"命运"选择的关键性,形成"共同体"形态的合理性。因此,儿童国际理解教育可以在教育中融入宽泛的人文精神,弘扬多民族文化,培育儿童对人类社会发展的合理认识;在教育中展现国际社会运行的基本规则与通常惯例,养成崇尚法律规则、遵守制度的契约精神;在教育中引入国际社会存在的问题和纠纷案例,开展对争议问题的探讨,提高儿童对国际问题的认识和化解冲突的能力。当前,中国特色社会主义进入新时代是中国发展新的历史方位,而整个国际社会也在交互发展与局部冲突中迈向未来。新时代,人与人之间、国与国之间都是一种共生关系,人类命运共同体理念的提出为当前的全球化发展提供了解决方案。在生产力持续发展的历史车轮下,儿童国际理解教育可以从人类命运共同体的

---

① 牛志宁,林春逸.增强人类命运共同体国际理解:价值·挑战·理路[J].中学政治教学参考,2021(44):93-96.

视角出发,思考新时代的任务,培养能理解认同全人类、保持全球的可持续共生、不断推进世界和平发展的未来公民。

（二）研究缘起

儿童国际理解教育是指以适龄儿童为中心,依托学校教育和社会服务,以公民文化、生存环境、和平发展、多元文化为教育元素,根据社会发展水平的程度,培养具备世界公民意识的儿童。儿童国际理解教育来源于联合国教科文组织所提出的国际理解理念,是在国际理解教育理念动态发展中逐步细化形成的理念。回溯人类历史可以发现,社会的分工使得人类从原始社会进化到封建社会。依靠工业革命,人类历史又从封建社会进入资本主义时代。当资本主义私有制得以确立,垄断资本与金融寡头的联合导致战争与革命的不断爆发。其中,20世纪的两次世界大战更是给人类历史带来不可估量的损失。为了防止悲剧的重演,1946年联合国教科文组织第一次大会正式提出了"国际理解教育"的理念。1974年,UNESCO第十八届会议通过了《关于促进国际理解、合作与和平的教育以及关于人权与基本自由的教育的建议书》。该文件特别强调国际理解对国际社会的重要性,着重突出包含"国际理解""合作""和平"在内的"国际教育",这样的国际教育以发展人民与人民之间、拥有不同社会和政治系统的国家与国家之间的友善关系为原则,以尊重人权和基本自由为基础。[1] 随着经济全球化发展的持续,国际理解理念在世界范围内得到了广泛的发展,面向21世纪中叶,人类社会生产力必将随着第四次科技革命揭开的人工智能时代而不断发展,社会经济结构的变化将引起社会运行的进一步变革,国际理解教育的理念也会深化演变。但国家间冲突的爆发如同社会矛盾的必然性一样,总是历史性地存在于人类社会之中,如何引领人工智能时代走向文明合作而非冲突,促进不同民族对分歧与冲突的理解,避免走向人类社会的困境,依旧是我们所面临的重要课题。

儿童国际理解教育在世界的多极发展中,必将成为人类社会相互理解、相互尊重和相互借鉴的重要工具,其内涵、价值以及实施路径都亟待开发、挖掘。通过对儿童国际理解教育的研究,以教育为手段构建更加包容的世界,促进世

---

① Organization A. C. Report of the Director-General on the Activities of the Organizations in 1971[J]. United Nations Educational, Scientific and Cultural Organization, Place de Fontenoy, Paris-Te, France($ 6.00, 1 pound 80 pende; 24 francs), 1972.

界和平、合作与交流，才能建设人类社会的美好未来。儿童国际理解教育理念从发展缘由上看，培养儿童的国际理解能力是核心元素，开展国际交流是重要手段，最终目的是培养具备全球意识的公民。因此，儿童国际理解教育的核心内涵主要包含以下三个方面的内容：一是强调理解互信，培养儿童在全球化背景下的公民意识，通过交流学习，形成对不同国别、文明、文化之间的理解，形成包容、理解、信任、和平、开放的价值理念；二是突出合作共享，通过观察学习，培养儿童对主权国家、跨国组织的认识理解，让儿童在初步具备全球视角的前提下养成合作发展的意识；三是强调能力培养，包括儿童的国际视野、国际观察、国际沟通能力，通过语言、信息的交流能够使儿童具备国际化、多角度的辩证观点。当前，儿童国际理解教育面临两个具体的影响因素。一方面，在数字经济时代，数据成为社会发展的关键，而数据只有实现共享，才能保障这一技术的长远发展，这使得国家之间无法摆脱相互依存的局面。然而，逆全球化和孤立主义却暗流涌动，尤其是重大国际危机事件的发展使得保守主义倾向抬头，这不可避免地会牵扯到儿童国际理解教育的发展。另一方面，通信技术与交通工具的发展使得跨国交流、留学、旅游已经进入世界各国公民的常态化生活中，儿童国际理解教育的实施拥有了天然的平台。同时，随着社会生产力的进一步发展，跨区域、多文化的交流乃至人口的流动将不会再受到时空的限制，这一现实情景为儿童国际理解教育提供了新的视野。如何引导儿童理解国际社会中的冲突与合作，特别是人类社会共同面对的气候恶化、粮食短缺、环境污染等问题带来的危机，是加强儿童国际理解教育的重要方向。教育是和平的种子，是国际理解的桥梁，儿童则是国家的未来和民族的希望，更是整个人类世界的未来，只有当儿童具备国际合作的意识，树立正确的发展观，人类才能走向联合。只有打破国家之间交流的壁垒，正确理解历史、着眼未来，让儿童能够秉持全球意识，加强文化合作，促进互相理解、互相信任，才能使人类社会发展丰富多彩、持久和平。

随着中国对外开放进程的不断深化，国际理解教育理念渐入人心，不断启发着我国社会各界思考培养什么样的人以及怎样培养人的问题。《国家中长期教育改革和发展规划纲要（2010—2020年）》首次对国际理解教育做出了官方的解释，"借鉴国际上先进的教育理念和教育经验，促进我国教育改革发展，提升我国教育的国际地位、影响力和竞争力。适应国家经济社会对外开放的要求,培养大批具有国际视野、通晓国际规则、能够参与国际事务和国际竞争的国际化人才"。与此同时,上海、山东、江苏、广东和四川等地陆续出台了针对中小学生开展国际理解教育的实施意见。通过文件梳理发现,当前国内对开展儿童国际理解教育的认识主要集中在以下三个方面:一是认为开展儿童国际理解教育是在经济全球化背景下,打造国际化城市的重要工作,通过儿童国际理解教育的推广,培养具有国际视野、懂得国际惯例、外交外事规则的国际人才,提升城市的国际竞争力和影响力。二是认为开展儿童国际理解教育帮助适龄儿童更好地认同、发扬、传承中华民族的优秀传统文化,增强其认识能力,尤其是对社会主义核心价值观的认同。同时,增强对世界多元文化的包容和理解,提高国际交流沟通的能力,形成正确的世界观、人生观和价值观。三是依托儿童国际理解教育的实施,能够有效地支持校园文化建设、学科教学建设、课程体系建设、"二三课堂"建设。总结国内对儿童国际理解教育的研究,我们可以发现,儿童国际理解教育的根本指向就是谋求儿童全面的发展,培养人类未来社会发展所需要的人才。以此为导向,儿童国际理解教育还要引导未来的公民认识当今世界的发展,学会尊重不同国家和不同人民的价值观,尊重各民族文化、风俗的差异,尊重他们所选择的社会制度和切身利益。儿童国际理解教育不仅有利于促进区域范围内儿童彼此间的认知与了解,更重要的是要影响世界范围内儿童对来自不同文明背景同龄人的理解认识。教育是提高本国公民整体素质的重要工具,也是引导本国公民走向世界的重要工具。教育交流涉及的范围非常广泛,包括语言、科学技术、教育思想、内容和方法等方面的交流,特别是人员互访、教育合作都能够起到互相沟通、互相了解的作用。人类文明的发展告诉我们,文明是靠交流、融合发展的,文明的发展离不开经济的生产和国际往来形成的贸易合作。人类文明是在生产的基础上发展起来的,经济的全球化使得各国各民族各文化实体之间互相依存。在经济全球化的进程当中,各国也会因为保护自己的利益而发生冲突,但是在全球化的背景下,冲突双方不可能消灭对方而自我存在。既然要互相依存,就需要和平对话,创造一个共创、共享、共荣的世界。通过梳理发现,国际理解理念本身是一个动态的概念,会随着社会生产力水平发展而演化。儿童国际理解教育则是贯彻国际理解理念本身的承载工具,同样具有历史性。因此,对儿童国际理解教育概念内涵的研究必须历史地、具体地掌握。

（三）理念发展

《中国国际学校蓝皮书——国际理解教育发展现状研究（2019）》指出，国际理解教育在近几十年的发展过程中与和平教育、可持续发展目标以及全球公民教育存在着不可分割的联系，"和平教育兴起于 20 世纪后期，这一理念认为，个人以及国家之间是相互依赖的，应为了共同生存而团结在一起"。[①] "和平作为为了实现社会发展和正义的动态社会的政治过程是教育的最终目的之一[②]，而国际理解则是为和平打下基础的重要途径之一"。[③] 国际理解教育与联合国推动的可持续发展目标也紧密结合在一起："在可持续发展目标的框架之下，所有国家和人民都正处于一个实现长期命运共同体的中间阶段。因此，培养有担当的全球公民成为实现可持续性发展的必要途径。可持续发展目标主张，全球公民教育旨在帮助人们获得能够解决全球挑战的认知和技能，以及构建一个更加和平、宽容、包容及安全的世界。"[④] 当前，培养共同命运的意识是一切国际合作项目的基础，也是人类共同进步的基础。儿童国际理解教育理念的发展不仅应当致力于使儿童意识到其民族根基，确定自己在世界体系中的位置和民族立场，还应当致力于使其学会尊重其他文化和全人类的共同利益，从而扩大人类共同的财富。随着社会生产力的不断发展，必然会要求生产关系的自我调整，儿童国际理解教育理念作为一种观念上层建筑其发展也会产生新动向。在理论观念层面，联合国教科文组织的发展不自觉地深化着儿童国际理解教育的理念内涵，积极引导各国制定实施关于儿童国际理解教育的政策与制度；大力推行儿童国际理解教育的行动计划并支持各国开展儿童国际理解教育的实践活动。在现实存在方面，儿童国际理解教育迎来了更为广阔的国际社会背景：全

---

① UNESCO. Final Report of the 44th Session of International Conference on Education. Geneva［R］. UNESCO International Bureau of Education，1994.

② International Working Group on Foreign Language Teaching. International Understanding through Foreign Language Teaching：Handbook on Foreign Language Teaching as a Means for International Understanding［R］. German Comm. for UNESCO，1989.

③ UNESCO. Adult Education for International Understanding，Human Rights and Peace：Report of the Workshop Held at UIE，Hamburg，18-19 April 1991［R］. Hamburg：UNESCO Institute for Education，1991. UNESCO. Measurement Strategy for SDG Target 4.7，Global Alliance for Monitoring Learning Fourth Meeting［C］. Spain：UNESCO，2017.

④ UNESCO. Measurement Strategy for SDG Target 4.7，Global Alliance for Monitoring Learning Fourth Meeting［C］.Spain：UNESCO，2017.

球政治民主化、经济贸易国际化、文化交流与合作加强、信息技术的支持,尤其是互联网的运用对开展儿童国际理解教育产生了有利影响。在现实挑战层面,全球范围内,国家利益分化,政党冲突、宗教派别的争端,全球性重大灾害、经济发展水平差距加大,导致世界不可控因素将长期存在。在现实指导价值观层面,儿童国际理解教育既反对狭隘的民族主义,又反对大国霸权主义,是在民族自尊基础上的国际主义和国际理解基础上的民族主义两种思想的统一体现。

随着中国对外开放进程的不断深化,儿童国际理解教育理念逐渐得到推广,不断地启发着社会各界思考培养什么样的儿童以及怎样培养儿童的问题,这些思考在不同时代的教育政策中都有所体现。在国家层面,相继发布了《中共中央关于教育体制改革的决定》《中国教育改革和发展纲要》《国家中长期教育改革和发展规划纲要(2010—2020年)》等文件。2016年,由北京师范大学牵头发布了《中国学生发展核心素养》总体框架,标志着我国儿童国际理解教育研究走向内涵式发展阶段,一些地方城市也相继颁布了相关的文件政策。如,2009年上海市浦东新区出版了《世纪名片·国际理解教育市民读本》;2012年山东省淄博市下发《关于实施中小学国际理解教育的指导意见》;同年10月,江苏省常州市下发了《关于加强中小学国际理解教育的意见》;2014年9月,广东省东莞市宣布全面实施中学阶段的国际理解教育;四川省成都市也颁布了《关于加强中小学国际理解教育的指导意见》,宣布自2016年开始在中小学普及国际理解教育。通过文件梳理发现,我国对国际理解教育研究的起步时间相对较晚,相对缺少单独针对儿童的国际理解教育政策的支持。鉴于儿童处于认知发展关键期的特点,应抓紧时间开展相应改革和针对性培养,使儿童在成长过程中乐于接触国际化的事物并能以相对客观、中立的视角看待事情。同时,多元化的思维培养能使他们在很大程度上避免诸如"刻板印象"这样的认知固化。信息化时代的到来要求我们不仅能从当前地域空间获取信息与帮助,还要善于与不同群体交流。国际理解教育中的"交流与合作"正是这一阶段儿童所需要培养的能力,乐于在不同群体中进行交流与合作才能培养出适应未来社会的人。结合个体成长规律与人类社会演进规律可以得知,个体年龄越小,其对国家民族的意识越淡薄。而心理学上的研究发现,早期的学习对个体意识观念的发展最为重要。在数字经济时代,大数据的运用与虚拟设备科技让公民地理空间的国籍变得模糊,个体不得不面对爆炸式的复杂信息环境。新时代以来,我国相继提出"一带一路"倡议、"人类命运共同体"理念等,今天的儿童必将对未来世界经济发展格局产生重要影响,儿童国际理解观的发展与培养势必成为必修课。还要注意的是,儿童处于思想意识逐渐形成的阶段,面对多元的思想观念时很容易被误导,在儿童适龄阶段积极介入,促进他们国际理解观的理性发展,增强他们的国家认同感十分必要。在最新发布的《中小学德育工作指南》中明确提出,要加强对学生国际视野、国际理解和综合人文素养的培养。这实际上反映了中国社会发展对中国教育改革及对处于关键期的新时代儿童国际理解教育提出了具体要求。

儿童国际理解教育理念与马克思主义唯物史观具有内在共同的价值追求。马克思明确指出,社会生活的发展水平与教育存在密切关系:"运用现代化生产工具从事生产劳动的劳动力,更需要通过教育,使它获得一定劳动部门的技能技巧,成为发达的和专门的劳动力。"[1]教育通过传播科学技术知识以提高人的劳动能力和劳动生产率,进而改善人的生产生活。科学技术对于人的社会的改造和影响不是直接的,而是通过教育来实现的,即科学技术由潜在的生产力转化为直接现实的生产力,是通过向劳动者、劳动工具、劳动对象三大实体性的渗透来实现的。儿童国际理解教育理念提出的"未来"就是要实现对儿童(现实的个人)自我素质的提升、劳动对象(自然环境)的科学化与合理化,构建形成相互依存的全球关系和共同体意识,共享社会发展的成果,实现教育与生产劳动相结合。马克思关于未来社会的设想也同样是促进人的自觉能动性、创造性和自主性的全面发展,实现人类整体自由而全面的发展。因此,儿童国际理解教育可以从马克思的经典著作中找到科学指导。一方面,马克思在《资本论》中明确指出,未来教育对所有已满一定年龄的儿童来说,就是生产劳动同智育和体育相结合,这不仅是提高社会生产的一种方法,而且是造就全面发展的人的唯一方法。[2] 马克思已经明确提出了教育的原则:教育同生产劳动相结合。马克思在《哥达纲领批判》中提到:"在按照不同年龄严格调节劳动实践采取各种保护儿童的预防措施的条件下,生

---

① 马克思,恩格斯.马克思恩格斯全集(第 23 卷)[M].中共中央马克思恩格斯列宁斯大林著作编译局,译.北京:人民出版社,1972:195.

② 马克思,恩格斯.马克思恩格斯全集(第 9 卷)[M].中共中央马克思恩格斯列宁斯大林著作编译局,译.北京:人民出版社,2009:340.

产劳动和教育结合是改造现代社会的最强有力的手段。"①另一方面,人的全面发展的实质是完成对社会和自身的改造,个体通过劳动唤醒潜在的能力,在改造社会的同时也改变自己。这种改造的唯一途径是教育和生产劳动相结合,是社会教育的结果。正是在劳动的过程中,人的自然力量被唤醒了,学会与自然并存,在提高人的自身素质之后,社会生产力(人与自然的关系)会自觉发展,进而推动生产关系变革(人与人的关系)。儿童国际理解教育理念的发展与传播也势必要与生产劳动紧密结合。

(四)主旨目标

习近平总书记指出:"放眼世界,我们面对的是百年未有之大变局。"②迈入新时代以来,发展的脚步从未停歇,尤其在大数据、量子通信、新能源汽车、航天技术等领域中国已经取得长足的发展,这些成就背后体现的是国家坚持对外开放、奉行国际合作共赢的发展理念,这一理念的形成源于中华民族近代以来所遭受的苦难总结,也源于中国共产党百年来的艰苦奋斗经验。明朝时期的海禁,清朝时期所执行的闭关锁国,使得中国逐渐与国际相脱离,形成了相对封闭的环境。反观世界,18—19世纪正是工业革命发展迅猛的时代,西方国家利用创新技术迅速发展,生产力得到大幅提高。当前,在全球化背景下,世界人口流动加大,经贸领域的商业交往,国际旅游业的迅速发展等世界性的交往培养了人类社会开阔的视野和开放的心态。当然,各国交往日益频繁,同样带来许多世界性难题,诸如生态系统被破坏、自然资源短缺、贫富差距加大等。当前,应该在持续改革开放的背景下,通过儿童国际理解教育研究,对这些问题予以积极主动的回应;通过国际理解教育将世界范围内的新观念和新资讯等有价值的知识有效地引入课堂,将"理解、平等、对话"的世界主题折射到课堂教学,延伸到师生之间,让教师和学生意识到世界是一个相互依赖、紧密联系的有机整体,让儿童认识到作为世界公民的一员,应当树立以休戚与共的态度对待全球性问题的观念。

中华人民共和国成立以来,一直致力于与国际社会以及周边国家、地区的

---

① 马克思,恩格斯.马克思恩格斯全集(第3卷)[M].中共中央马克思恩格斯列宁斯大林著作编译局,译.北京:人民出版社,1995:293.

② 习近平.习近平谈治国理政(第三卷)[M].北京:外文出版社,2020:421.

交流合作。中国在吸收国际先进经济、文化、教育等理念技术的同时也为世界发展作出了巨大贡献。在国际合作方面,"求同存异"方针与和平共处五项原则成为世界上绝大多数国家所认同的外交理念;新时代,习近平总书记提出的共建"一带一路"倡议、"人类命运共同体"理念等也得到世界人民的认可。在经济方面,中国与联合国开发计划署积极开展合作,为世界减贫事业提供中国智慧,助力全球发展;在环境保护方面,中国积极应对气候变化,参加《巴黎协定》,履行国际承诺。可以说,中国为世界可持续发展作出了不可估量的贡献。然而,部分国家仍然不能放下内在的偏见,始终以高傲的姿态俯视中国的发展,对中国在经济发展、体制改革、科技创新等方面取得的成果进行否定和质疑。这也说明了第二次世界大战以来形成的冷战思维仍然产生着消极的影响,无论是源于民族文化传统的差异还是制度体系的不同,仍有部分国家缺乏对中国的理解与认同。因此,新时代的儿童国际理解教育如何走出国门、迈向全球,帮助儿童能够在当前的国际格局和舆论环境下树立正确的国际观念,让儿童真正了解世界上的国际形势,了解中国对国际作出的突出贡献,是一个重要的任务目标。毋庸置疑,儿童正处于身心发展的重要阶段,他们容易受到外界观念的影响,当前的国际关系格局又加深了互相对立的情感态度。因此,新时代下儿童国际理解教育需要帮助扩展儿童视野,培养见识广阔、有清晰国际认识能力、对中国有更多了解和更多信心的世界公民。

从国家内部来看,经济发展始终处于第一要位,经济发展的放缓,会影响到民众的社会生活,进而产生更多的不稳定因素;从世界范围来看,国家之间如果发展差异过大,同样会引起世界性的经济危机和政治动荡。归根溯源,近代以来人类产生的暴力性武装冲突都与一部分国家发展受限而另一部分国家则享受着现有体系带来的红利有关。因此,世界各国只有共同发展,保持稳定,才能为良好的国际秩序奠定基础。2015 年 9 月,习近平在纽约联合国总部发表重要讲话指出:"当今世界,各国相互依存、休戚与共。我们要继承和弘扬联合国宪章的宗旨和原则,构建以合作共赢为核心的新型国际关系,打造人类命运共同体。"当今世界已是全球化的世界,经济、文化、政治、教育等都受到全球化的影响,地球已然成为地球村,无论我们来自哪个国家、属于哪个民族,我们都是共同体,都是"类"存在物。当前,重大国际危机事件的爆发给人类生产生活带来前所未有的挑战和考验的同时,也加速了世界百年未有之大变局的演变。面对当前形势,人类应该意识到各国命运紧密相连,唯有团结合作才是战胜危机的人间正道。但引人深思的是,在国际关系处于和平发展时期,人们越能够重视和平教育、沟通交流,国际合作密切,而在危机显现时,则更倾向于利益导向,抛弃和平共处的基本原则。儿童国际理解教育工作是促进人类命运共同体发展的重要载体,对培养具有全球竞争力和全球共命运意识的人才具有重要意义,尤其是在世界局势风云诡谲、复杂多变的情况下,儿童国际理解教育的研究实施早已超出了教育的一般范畴,我们应利用多种形式增强儿童跨文化、跨国际交流,尽快修复因公共危机事件可能产生的所有隔阂,通过国际理解教育引导儿童对危机事件的反思。

二、儿童国际理解教育研究述评

(一)国内研究轨迹及代表性观点

在国内,对儿童国际理解教育的研究起步较晚,儿童国际理解教育在 2000 年左右才逐渐得到关注,从文献检索的情况来看,知网录入的第一篇文献是 2004 年由中央民族大学刘洪文所撰写的硕士论文《全球化背景下我国中小学国际理解教育研究》。从整体研究情况看,国内学者结合自身学科背景和研究领域对儿童国际理解教育开展了分门别类的研究并取得了一定的成果。

1.国内研究轨迹

根据本研究的问题域,通过中国国家图书馆、中国知网、读秀等重要网络学术平台对国内文献进行系统检索,运用 Python、计量可视化分析等技术对相关文献的内容进行梳理,现将相关文献梳理如下:

第一,专著出版情况。通过中国国家图书馆、读秀两个数据库,直接以"儿童国际理解教育"为书名,检索时间范围为 1978 年 1 月—2021 年 12 月,剔除与儿童国际理解教育研究非密切关联著作后,共发现与检索词相关的图书如下,具体文献如表 1.1 所示。

表 1.1　以"国际理解教育"为书名的出版情况

书名	作者	出版社	时间/年
迈向 21 世纪的国际理解教育:国际教育学研究大会苏州会议论文选	朱永新	江苏教育出版社	1995
国际视野:教育的重新理解	宁　虹	首都师范大学出版社	2003
国际理解教育	翁文艳	北京师范大学出版社	2004
世纪名片:国际理解教育市民读本	郭隆隆	上海教育出版社	2009
理解·共享·合作:国际理解教育的理论与实践探索	王远美	北京出版社	2011
国际理解教育(小学版)	徐素倪	广东教育出版社	2012
上海乡土音乐文化(国际版)	施红莲施　忠	上海教育出版社	2012
小学国际理解教育案例集	刘　飞	现代教育出版社	2014
多元·共存:论国际理解教育	陶华坤	吉林出版集团股份有限公司	2016
国际理解教育精品校本课程案例	金云峰	北京教育出版社	2016
国际理解教育(高中版)	广东省教育研究院	广东高等教育出版社	2017
全球视域下的国际理解教育	李　晓王一玲	武汉大学出版社	2017
东亚国际理解教育的政策与理论	姜英敏	高等教育出版社	2017

续表

书名	作者	出版社	时间/年
区域推进国际理解教育的实践研究	张素华	河北大学出版社	2017
从课堂走向世界:国际理解教育学科渗透实践研究	龚华明 徐 琨	四川大学出版社	2017
全球化视域下的国际理解教育政策比较研究	姜英敏	山西教育出版社	2018
中小学国际理解教育课程比较研究	郑彩华	人民出版社	2019
国际理解视域下的文化传播理论与实践——以中亚孔子学院为例	李建军 郭卫东 邓新,等	南开大学出版社	2019
孔子学院国际理解教育实践研究	周汶霏	山东大学出版社	2020
中小学国际理解教育学本(小学)	成都市教育对外交流中心	四川大学出版社	2020
国际理解教育课程建设的国际比较研究	张 蓉	南京师范大学出版社	2020
国际理解教育:如何在学校中培养学生全球胜任力	黄忠敏	华东师范大学出版社	2021

根据对相关图书检索结果分析,我们可以得出三个方面的基本结论:一是国内对国际理解教育的研究已经有了一定基础,这为儿童国际理解教育研究提供了有益的学术积淀;二是直接研究儿童国际理解教育方面的专著凤毛麟角,对儿童国际理解教育的阐释多是作为国际理解教育的部分,没有形成独立的研究;三是关于儿童国际理解的研究成果多数是教材、政策读本,深入学理层面的高质量论著则相对较少。

第二,学术论文(学术期刊、报纸)、博硕士学位论文和会议论文情况。主要通过中国知网数据库中"哲学与人文科学""社会科学Ⅰ辑""社会科学Ⅱ辑",

分别以"篇名""主题(关键词)"为检索项,以"儿童国际理解教育"为检索词,检索时间范围为 1978 年 1 月—2021 年 12 月,剔除与儿童国际理解教育非直接相关性文献,检索情况如表 1.2 所示。

表 1.2　以"儿童国际理解教育"为主题发表情况

序号	题名	作者	文献来源	文献来源库	日期/年
1	国际理解教育中的小学生文化认同研究:以成都市 S 校为例	邵佩雯	四川师范大学	硕士	2021
2	基于 PDCA 模型提升小学国际理解教育主题单元课程开发质量策略研究:以"小风筝·大世界"为个案	刘志豪	贵州师范大学	硕士	2020
3	小学国际理解教育现状调查研究:以天津市 H 区三所小学为例	柴悦	天津师范大学	硕士	2020
4	小学中高段学生国际理解教育现状的调查研究	胡亚美	天津师范大学	硕士	2019
5	21 世纪以来日本中小学国际理解教育的实践探究	张雯	华中师范大学	硕士	2019
6	英国中小学国际理解教育课程研究	李文晶	南京师范大学	硕士	2018
7	澳大利亚中小学国际理解教育课程研究	靳文卿	南京师范大学	硕士	2018
8	新津县小学国际理解教育地方课程开发探究	郭灵娟	四川师范大学	硕士	2017
9	中美小学语文教科书中的国际理解教育内容比较研究	艾雁	南京师范大学	硕士	2017
10	我国台湾康轩版小学《国语》教科书中的国际理解教育内容研究	马晓玲	西南大学	硕士	2016

续表

序号	题名	作者	文献来源	文献来源库	日期/年
11	小学语文教材中的国际理解教育内容研究:以人教版教材为例	罗 佳	华中师范大学	硕士	2015
12	成都市基础教育国际化路径选择研究	刘文华	西南交通大学	硕士	2015
13	基于国际理解教育需求的小学英语校本教研活动开展研究:以成都市红光小学为例	罗 彤	四川师范大学	硕士	2013
14	《品德与社会》渗透国际理解教育主题单元设计的个案研究:北师大版五年级上册《我们同有一个家》单元为例	赵文旭	东北师范大学	硕士	2011
15	小学英语课程中国际理解教育目标体系构建的理论研究	谢 萍	东北师范大学	硕士	2006
16	新课改条件下我国中小学国际理解教育研究	岳 松	曲阜师范大学	硕士	2006
17	战后日本中小学国际理解教育研究	展瑞祥	山东师范大学	硕士	2005
18	全球化背景下我国中小学国际理解教育研究	刘洪文	中央民族大学	硕士	2004
19	怀德苑幼儿园博物课程中国际理解教育的渗透	邹 维	《家长》	期刊	2020
20	小学国际理解教育课程开发的实践探索	钱伊琳	《江苏教育》	期刊	2020
21	小学国际理解教育的内涵价值和行动策略	奚亚英	《江苏教育》	期刊	2020

续表

序号	题名	作者	文献来源	文献来源库	日期/年
22	小学国际理解教育的校本化表达：以"从中国出发"和"'海豚娃'看世界"为例	曹文兵	《教育视界》	期刊	2020
23	儿童国际理解教育课程的"语文融合式"实施	张钰玲	《当代家庭教育》	期刊	2020
24	面向国际理解教育的儿童原型游戏：意义、特点与实施路径	周颖慧	《生活教育》	期刊	2020
25	基于饮食文化元素的儿童国际理解教育课程的统整实施	马夏云	《教育界》	期刊	2020
26	儿童国际理解教育校本行动"333"模式的建构与实施	吴林飞	《广西教育》	期刊	2019
27	儿童国际理解教育课程意识的智慧渗透：由综合实践活动课《走进名字的世界》引发的思考	吴林飞	《当代家庭教育》	期刊	2019
28	当前儿童国际理解教育课程开发与实施的现状与思考	吴林飞	《科普童话》	期刊	2018
29	从追随到自立：日本中小学国际理解教育的发展	张 蓉 谢 聪	《外国中小学教育》	期刊	2017
30	英国中小学国际理解教育发展历程、特点及启示	李文晶	《教育与教学研究》	期刊	2017
31	全球化浪潮下的幼儿国际理解教育	李晓燕	《今日教育（幼教金刊)》	期刊	2015
32	全球化浪潮下的学前儿童国际理解教育	李晓燕	《福建教育》	期刊	2015

续表

序号	题名	作者	文献来源	文献来源库	日期/年
33	国际理解教育视野下的儿童职业意识渗透研究	凌斯嘉	《中学课程辅导（教师教育）》	期刊	2014
34	"国际理解教育"校本课程开发与实施研究:以平阳小学《Walking 上海,Enjoying 世界》为例	孟嬿娜	《上海教育科研》	期刊	2014
35	与世界同步:清华附小跨文化国际理解教育研究项目探索	窦桂梅	《世界教育信息》	期刊	2014
36	奥林匹克国际理解教育理念与实践发展研究	茹秀英 刘 昕	*Proceedings of the 2011 Second International Conference on Education and sports Education (ESE 2011 V4)*	国际会议	2011

　　根据对相关期刊检索结果分析,我们可以得出三个方面的基本结论:一是在文献来源上,国内对儿童理解教育的研究主要集中在以硕博论文和期刊论文的形式呈现,分别占据总比例的 50% 和 47.36%,从研究内容上看,主要集中于理论研究、调查研究、课程研究、国别研究四个方面;二是在引用和下载情况上(表 1.3),虽然关于儿童国际理解教育的期刊论文总量并不大,但其下载、引用量明显较高,其中下载次数和引用次数均较高的是刘洪文的硕士论文《全球化背景下我国中小学国际理解教育研究》(2004),这一现象说明学术界对该问题领域的关注度较为突出,但必须指出的是,这篇文献距今的时间已经较为久远,因而存在历史场域的变化,现实针对性不足;三是在发表时间上,随着时间的推移,近年来关于儿童国际理解教育的研究比例明显上升,根据统计显示,2012 年以来发表的期刊论文占到总发文量的 80.59%,说明对该问题的研究在近些年关注度较高;四是研究人员的学科背景问题,从硕士论文的作者单位来看,基本

都是师范大学、以教育学为学科背景的研究人员,这说明教育学与儿童国际理解教育本身的紧密联系,但也从侧面反映出儿童国际理解教育研究主体的单一性。

表 1.3　国内关于儿童国际理解教育部分高被引文献

（2022 年 12 月截止）

序号	题名	作者	来源	时间/年	被引/次	下载/次
1	全球化背景下我国中小学国际理解教育研究	刘洪文	硕士论文	2004	36	1984
2	新课改条件下我国中小学国际理解教育研究	岳　松	硕士论文	2006	22	1120
3	小学语文教材中的国际理解教育内容研究:以人教版教材为例	罗　佳	硕士论文	2015	16	688
4	小学英语课程中国际理解教育目标体系构建的理论研究	谢　萍	硕士论文	2006	16	1029
5	从追随到自立:日本中小学国际理解教育的发展	张　容　谢　聪	期刊论文	2017	15	776
6	英国中小学国际理解教育发展历程、特点及启示	李文晶	期刊论文	2017	11	527

第三,国内学术界关于儿童国际理解教育的研究概况。主要通过中国知网数据库中"哲学与人文科学""社会科学Ⅰ辑""社会科学Ⅱ辑",分别以"篇名""主题(关键词)"为检索项,以"儿童国际理解教育"为检索词,检索时间范围为1978 年 1 月—2021 年 12 月,检索情况如图 1.1 所示。

分析图 1.1 可知,2003 年以前国内儿童国际理解教育问题的相关研究较少,2003—2010 年国内研究一直处于低位平稳状态,2012 年开始,研究数量有所增长,此后,研究成果数量呈总体下降趋势,2012—2021 年呈现"总体上升,小幅波动,起伏不定"趋势。2017 年开始,在经过一段时间的平稳期后,我国关于儿童国际理解教育的研究开始快速增长。

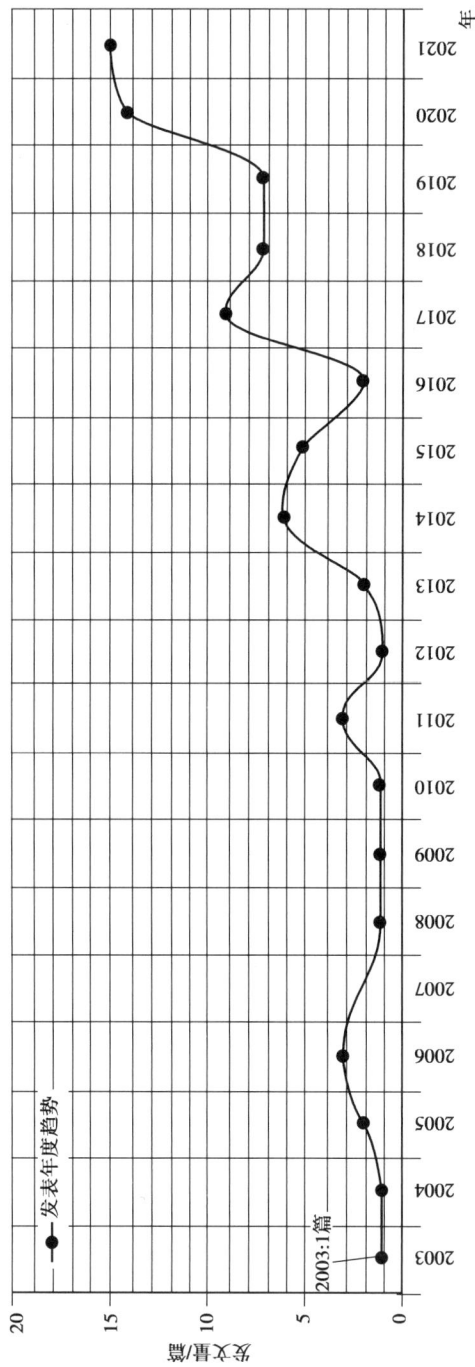

图1.1 以"儿童国际理解教育"为主题的研究文献总体态势

从检索情况来看,国内关于儿童国际理解教育研究的主题,主要集中在"国际理解教育""国际理解教育课程""国际理解"等领域(图 1.2)。其中,也有以"联合国教科文组织""国际文化""国际联结""人类命运共同体"为研究主题(图 1.3)。"儿童国际理解教育"的研究所属学科主要集中在初等教育、中等教育和教育理论与教育管理领域(图 1.4)。

2.国内代表性观点

一是对儿童国际理解教育的国别研究。张雯在其硕士论文《21 世纪以来日本中小学国际理解教育的实践探究》中认为,日本主要是通过参与国际组织的项目合作、借助学科教学渗透国际理解教育理念、开展直接的异文化体验活动、构建国际理解教育主题课程和开发国际理解教育相关教材资源五个方面开展儿童国际理解教育。① 张蓉、谢聪认为,日本儿童国际理解教育经历了从追随到自立的发展过程,认为应建立政府、社会和学校三位一体的国际理解教育发展模式,处理好"国家公民"和"世界公民"的关系及重视国际理解教育的理论研究与实践探索三点启示。② 李文晶认为,英国中小学国际理解教育经历了一个由分散到系统化、由以非官方开展为主到以政府组织指导开展为主的转变,并且在整个发展过程中逐步形成了专属于英国中小学国际理解教育的特色,包括:起步较晚发展曲折,推动发展的组织机构类型多样化,利用现代网络技术的力量推动其发展,主要通过课程渗透进行实施。中国应取其精华,并结合国情制定适合找国中小学实施国际理解教育的相关措施。③

二是儿童国际理解教育的地域研究。柴悦以天津市三所小学为调查对象,提出了四点针对小学国际理解教育优化的建议:一是立足本国文化,树立文化自信;二是落实合理的组织结构和科学的教学制度,优化教育资源分配;三是提高教师专业素养,包括教师培训和课题研究等方面的支持;四是注重学校课外时间开展国际理解教育。④ 郭玲娟对新津县小学国际理解教育地方课程的开发进行了探究,认为儿童国际理解教育应充分体现办学思考的整体性、素质育人的

① 张雯.21 世纪以来日本中小学国际理解教育的实践探究[D].武汉:华中师范大学,2019.
② 张蓉,谢聪.从追随到自立:日本中小学国际理解教育的发展[J].外国中小学教育,2017(12):18-24.
③ 李文晶.英国中小学国际理解教育发展历程、特点及启示[J].教育与教学研究,2017(2):33-41.
④ 柴悦.小学国际理解教育现状调查研究:以天津市 H 区三所小学为例[D].天津:天津师范大学,2020.

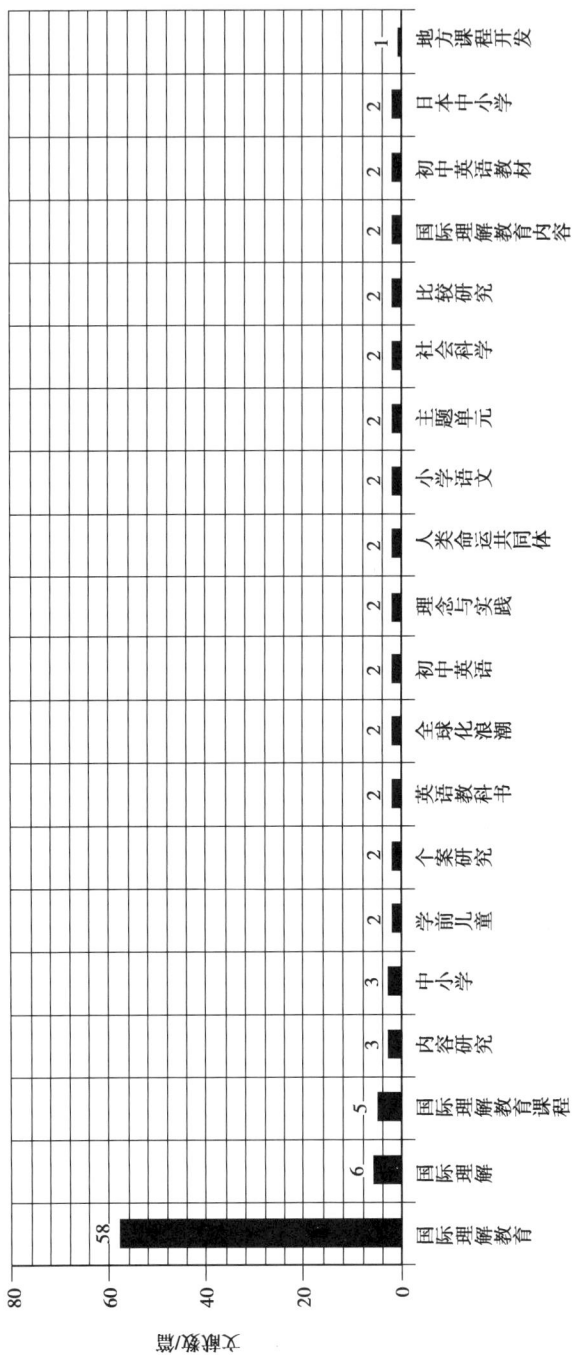

图1.2　"儿童国际理解教育"研究主要主题分布图

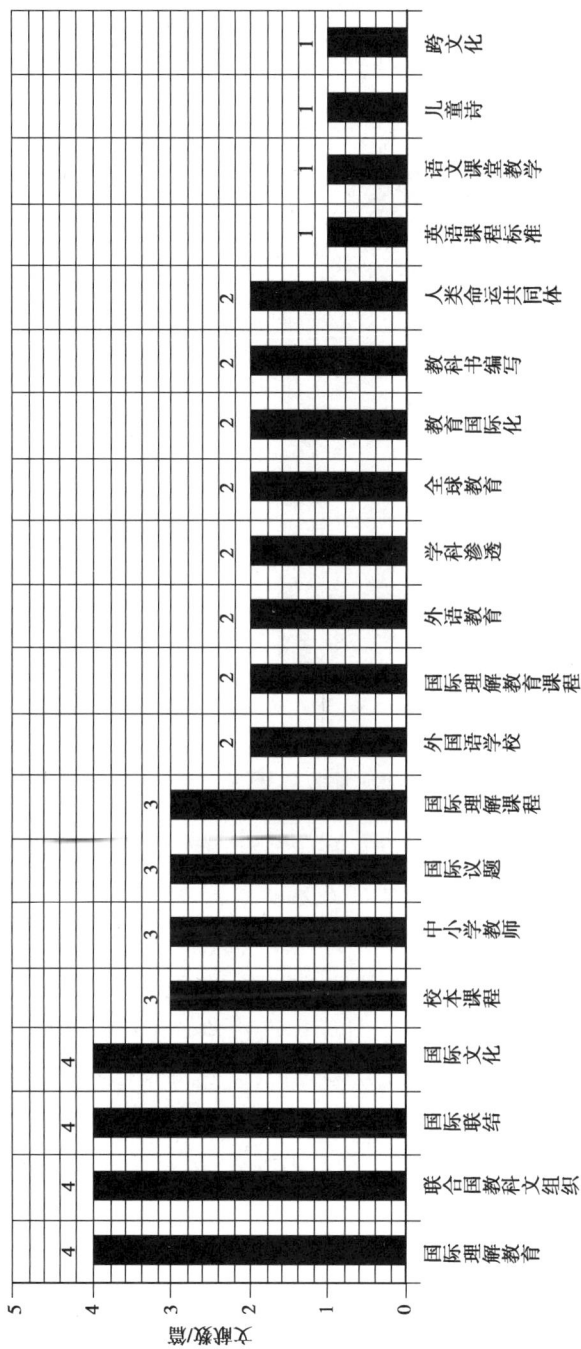

图1.3　"儿童国际理解教育"研究次要主题分布图

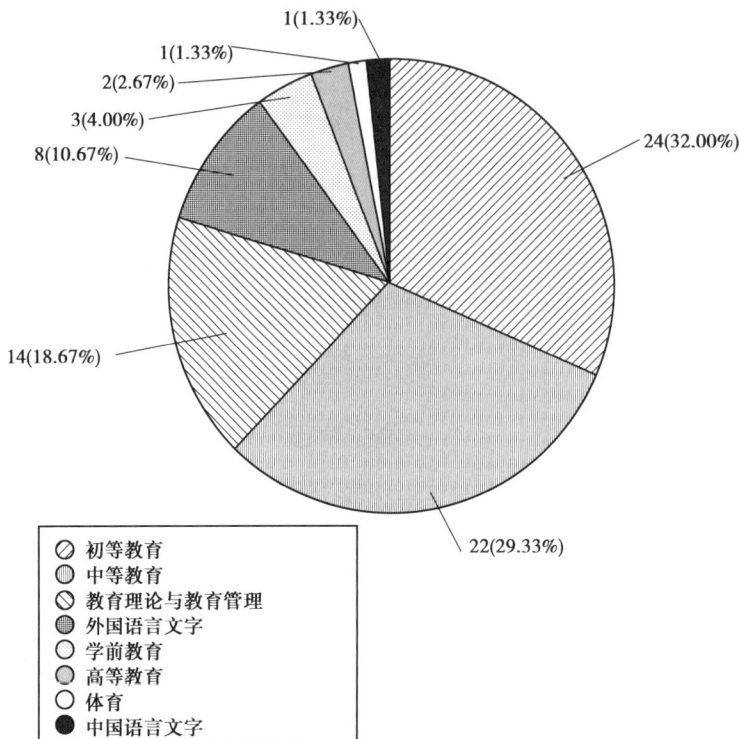

图 1.4 "儿童国际理解教育"研究主要学科分布图

全面性和教育实践的特殊性。同时,基于地方特色,立足现实问题①、解决实际问题的实践操作精神,对基层学校实践素质教育、培养学生国际理解素养具有重要借鉴意义。② 凌斯嘉对苏州工业园区第二实验小学国际理解教育视野下的儿童职业意识渗透研究进行了介绍。该校引入"我们的社区""我们的城市""我们的世界"三门职业启蒙课程,让学生通过角色扮演、小组协作等多元方式体验城市里的职业,了解全球金融贸易知识,以此培养对不同文化的理解、尊重和宽容的态度,养成"全球公民"的意识与国际素质。③ 王阿敏在《"一带一路"教育行动中乌鲁木齐市小学生国际理解观研究》中对乌鲁木齐市小学生国际理

① 王阿敏."一带一路"教育行动中乌鲁木齐市小学生国际理解观研究[D].乌鲁木齐:新疆师范大学,2018.
② 郭灵娟.新津县小学国际理解教育地方课程开发探究[D].成都:四川师范大学,2017.
③ 凌斯嘉.国际理解教育视野下的儿童职业意识渗透研究[J].中学课程辅导(教师教育),2014(23):21.

解观的开放意识、世界公民意识、本国的国际认同意识、国际理解的能力意识四个维度进行调查分析研究。研究分析框架主要包括乌鲁木齐市小学生国际理解观的年级、性别、民族、出生地和使用互联网时间的显著差异分析。①

三是对儿童国际理解教育的学科研究。赵文旭以北师大版《品德与社会》五年级上册《我们同有一个家》单元为个案进行研究,并提出"同心圆式""交叉式""全球式""近景与远景相结合"四种开展国际理解教育的方式。② 罗佳对人教版小学语文教材中的国际理解教育内容进行了研究,认为小学语文教育不仅关系未来的世界公民是否具有多元文化观念与国际理解精神,更决定着我们民族精神的走向。因此,小学语文教材的设计显得格外重要,应拓展选文的地域性,突出各国的文化差异。③ 艾雁对中美小学语文教科书中的国际理解教育内容进行了比较研究,认为教科书中要处理好国际理解教育程序性知识和陈述性知识的关系;语文教科书中的国际理解教育也要汲取其他学科的"养分";关注多元文化教育,促进民族和谐共处;增加对作者的介绍,加深学生的理解;从国家、性别等角度扩大选文范围,充实国际理解教育知识。④ 邹维认为,在学前教育博物课程中实施国际理解教育,将极大地改变幼儿的思考方式、素质结构;师生互动方式也将直接决定幼儿未来与世界的互动方式及能力。⑤ 周颖慧认为,儿童原型游戏是国际理解教育的优质素材,对儿童认识游戏的本质以及理解国际世界具有重要意义。在小学儿童游戏的开发和实施中采用追溯本源、国际比较、沟通关联、可视教学、完形体验等创新举措和路径,聚焦国际视野的原型游戏,从而在增进儿童国际理解的过程中,为面向国际理解教育的游戏化课程建设探寻新路。⑥

四是以全球化背景对儿童国际理解教育进行研究。刘洪文通过调查研究,认为全球化背景下国际理解教育就是培养学生与异国文化相沟通的语言能力、表达能力和理解能力,并在国际范围、整个地球和全人类的视野中陶冶人格,具

① 王阿敏."一带一路"教育行动中乌鲁木齐市小学生国际理解观研究[D].乌鲁木齐:新疆师范大学,2018.
② 赵文旭.《品德与社会》渗透国际理解教育主题单元设计的个案研究:北师大版五年级上册《我们同有一个家》单元为例[D].长春:东北师范大学,2011.
③ 罗佳.小学语文教材中的国际理解教育内容研究:以人教版教材为例[D].武汉:华中师范大学,2015.
④ 艾雁.中美小学语文教科书中的国际理解教育内容比较研究[D].南京:南京师范大学,2017.
⑤ 邹维.怀德苑幼儿园博物课程中国际理解教育的渗透[J].家长,2020(31):89-90.
⑥ 周颖慧.面向国际理解教育的儿童原型游戏:意义、特点与实施路径[J].生活教育,2020(2):38-42.

备能与地球上的所有人共同生活与工作的意识和态度;能站在全人类的视角,为人类和平与发展、为解决世界上各种问题做出自己积极的努力,为参加保护地球的生态系统,实现人类与自然、经济与社会的协调、可持续发展作出应有的贡献。① 白雪峰通过对深圳南山区某小学的调查后认为,在未来的区域国际理解教育探索中,一是应制定学生国际理解素养目标和内容体系,培养学生的"命运共同体"意识;二是坚守与吸纳,处理好国际理解教育的国际性与民族性的关系;三是要创新人文交流机制,深化中小学国际交流与合作。② 李晓燕认为,全球化浪潮下的学前儿童国际理解教育是基于全球化发展而产生的教育准备与适应。从外延上看,国际理解教育包括全球视野教育、人权教育、民主教育、多元文化教育等;从内涵上看,国际理解教育是一种综合性的教育,注重培养学生的多元视角和对多样化世界观的认同,帮助学生认识到全球相互依存的关系,了解当代世界的重大课题,认同和理解其他国家。③

　　五是对儿童国际理解教育的校本课程研究的案例介绍。孟嬿娜对上海市闵行区平阳小学开展的国际理解教育校本课程开发与实施情况做了介绍:"平阳小学对原有校本课程体系进行双语形式的二度开发:植根于本土,通过整合原有教材资源,深入挖掘"海派文化";采取综合课程形式,以"自主探究"为主线,引领学生发现、体验与感悟"上海"这个世界文化交流的窗口。通过校本课程实施,提高学生外语应用、跨文化沟通、信息处理、合作与创新等国际化能力"。④ 罗彤以成都市红光小学为例,认为基于国际理解教育的小学英语校本教研活动:首先,应该从教师的需求出发,从教学的需求出发;其次,教研的形式内容应该多样化,让教师从更多的渠道获取信息,以应对国际理解教育的多元化需求;最后,基于国际理解教育的教师校本教研活动应该有一套完备的评价机制,同时以此来推进国际理解教育深入、有效地开展。⑤ 刘志豪建立了 PDCA(设计、实施、评价、改进)模型,以小学三年级"小风筝·大世界"单元为个案,

① 刘洪文.全球化背景下我国中小学国际理解教育研究[D].北京:中央民族大学,2004.
② 白雪峰.小学国际理解教育的开展现状及管理对策研究:以深圳市南山区 YC 小学为例[D].深圳:深圳大学,2020.
③ 李晓燕.全球化浪潮下的学前儿童国际理解教育[J].福建教育,2015(20):40-43.
④ 孟嬿娜."国际理解教育"校本课程开发与实施研究:以平阳小学《Walking 上海,Enjoying 世界》为例[J].上海教育科研,2014(10):80-81.
⑤ 罗彤.基于国际理解教育需求的小学英语校本教研活动开展研究:以成都市红光小学为例[D].成都:四川师范大学,2013.

通过探索国际理解教育的基本理论,进行小学综合实践活动国际理解教育主题单元课程的开发,认为 PDCA 模型能够帮助教师将目标转化为学生具体的行为;有利于国际理解教育的系统性推广。[①] 周颖慧认为,基于饮食文化元素的儿童国际理解教育的统整课程能够让学生摆脱狭隘的自我中心主义,摆脱对他乡美食的排斥倾向,走向相对主义,即通过对饮食文化元素的比较与兼容,增强学生的国际理解意识。[②]

六是关于儿童国际理解教育问题和对策研究。学界除了向国外学习,探索如何在各个阶段有效进行国际理解教育,也对我国在国际理解教育实践中存在的问题进行反思。如张静静在《小学国际理解教育课程实施:问题与建议——基于 S 小学的个案研究》一文中提出,国际理解教育相关课程教学过程中存在过度依赖教材的弊端,限制了学生发挥其学习的主观能动性,同时课程教学中存在严重的学科知识化倾向,国际理解教育课程转化为地理课、历史课,存在严重的教学技术性倾向,对学生自主思考的能力培养不到位等问题。[③] 文庆庆认为当前国际理解教育素养培养存在国际理解课程目标模糊、学科渗透科目单一、课程内容零散、课程知识不成体系、课程建构方式不科学、教学方法单一等问题,课堂教学难以达到国际理解的教育目标,并认为问题的存在与国际理解教育课程标准、学校的重视程度、儿童的知识特点相关。[④] 沈慧岚以杭州市江干区为例,认为当前中小学国际理解教育存在理念认知窄化、推进实施泛化、师资培养弱化、平台机制固化等问题,需要构建立体化区域发展体系、探索多维度课程推进路径、形成全景式教师培养模式、搭建共享交流展示平台四大推进策略,为正确认识和把握新时代国际理解教育的新使命,实现中小学国际理解教育高质量、可持续发展提供借鉴与参照。[⑤]

① 刘志豪.基于 PDCA 模式提升小学国际理解教育主题单元课程开发质量策略研究:以"小风筝·大世界"为个案[D].贵阳:贵州师范大学,2020.
② 周颖慧.面向国际理解教育的儿童原型游戏:意义、特点与实施路径[J].生活教育,2020(2):38-42.
③ 张静静.小学国际理解教育课程实施:问题与建议——基于 S 小学的个案研究[J].教育导刊,2012(6):75-77.
④ 文庆庆.小学生国际理解素养培养现状及其教学策略研究——以长沙市 5 所小学为例[D].长沙:湖南师范大学,2020.
⑤ 沈慧岚.中小学国际理解教育的问题检视及应对策略——以杭州市江干区为例[J].教育科学论坛,2021(11):6-10.

(二)国外研究轨迹及代表性观点

1.国外研究轨迹

从 1965 年 1 月起,到 2021 年 11 月止为检索时间范围,经过对"Web of Science"的检索,以"Education for International Education"为"Topic"共检索出文献 4 893 篇,由此可见国外学术界关于儿童国际理解教育的研究较为丰富,能够为项目提供较多研究资源。为进一步聚集主题,因此聚焦检索范围,以"Education for International Education"和"Children"为"Topic"进行检索,经过检索在 Educational Research 领域共有文献 497 篇。数据搜索表明,国外对儿童国际理解教育的研究总体发展态势稳定,呈现上升状态,仅在 2000 年有小幅下跌,但迅速恢复,基本每年都创出新高。不难看出,关于国际理解教育研究、儿童国际理解教育研究均是国外学术界持续关注的热点问题。

2.国外代表性观点

美国课程发展与管理协会认为,今日学校中的儿童将在 21 世纪的世界进程中发挥重要作用,为了培养 21 世纪更强有力的公民,必须设法帮助学生学会"用他人的眼光、心理、心态"来看待事物,引导学生更加重视尊重和理解不同文化,使他们具备能与不断缩小中的地球上的所有的人的共同生活与工作的意识与态度,培养美国公民的"全球意识"。① 布兰肯希普认为教室应该是"开放型"教室,在开放型的教室里学生和他的指导者观点不同是值得提倡的,学生能够自由地表达自己的思想。此外在教学法方面,他还强调特殊的教学方法能帮助学生设定国际理解教育目标,更能影响学生的知识和态度。② 教师角色对学生国际理解教育的获得起着重要的作用。麦瑞菲尔德和怀特则是对教师提出具体建议:在每一单元开始之前帮助学生理解一些基础知识,将全球的热点问题同社会科学的内容相结合,尽量安排真实和个性化的体验,给同学们时间反思。③ 美国国际理解教育研究者多提倡多样化的实践形式,托尼提出要将课程

① 王长纯.国际基础教育的国际化倾向[M].北京:首都师范大学出版社,1998:176-177.

② Blankenship G.Classroom climate, Global knowledge, Global attitudes, [J] Theory and Research in Social Education,1990,18(4):367-384.

③ Merry M. Merryfield. and White, C. S. (1996). issues Centered Global Education/Handbook on Teaching Social Students;NCSS bulletin 93. Evans. R and Saxs, D. W. Washington;National Council for the Social Students;177-187.

内容与课外活动结合起来,户外活动也是国际理解教育的一个重要实现形式。[①] 此外,服务学习也应受到重视。在美国很多学校都有去社区进行服务学习的活动。格雷认为服务学习项目必须包括有取有得、互相援助,通过一系列的"慈善"活动帮助学生提升解决实际问题的能力和形成互利共赢的意识。[②] 可见,美国学者多注重对国际理解教育实践方式的研究,倡导在多样化的实践活动中践行国际理解教育,培养学生的国际理解相关能力。萨迪克的《全球教育下中等学校教师的知识、意识和教学法的研究》将研究对象进行分组,分成有全球性的社会学学科背景和没有全球性社会学学科背景的以及教其他学科的老师三个组,通过观察法和访谈法得出研究结论:经过全球视野培训的老师更能综合使用多种指导性策略帮助学生形成全球观念,并指出通过热点话题、角色扮演、模仿、开放式讨论等方式,利用有线电视、网络、杂志、新闻等工具,更有利于帮助学生形成全球意识形态。[③]

　　日本是倡导国际理解教育较为深刻的国家。早在 20 世纪 70 年代初,日本的有识之士就曾明确提出要培养国际性人才,教育应该国际化。日本主管教育改革工作的专门机构中央教育审议会在 1996 年 7 月的《日本第 15 届中央教育审议会第一次咨询报告》中再次强调,"培养拥有广阔的视野,在国际社会中能够与异质文化的人们一起发展,共同为人类做出贡献的新一代,是至关重要的。为此,必须大力促进学校的国际理解教育"。[④] 日本推动国际理解教育的方法首先是顺应国际化的发展,注重培养儿童的广阔视野、理解和尊重异质文化并与异质文化人群共同相处、共同发展的能力。为此,必须让学生理解不同的文化、生活习惯、价值观,并从中发现相同、相通之处,养成尊重彼此历史传统和多元价值观的态度,不仅重视同欧美发达国家的交流,也重视同亚洲和大洋洲各国的往来。其次,要推进国际理解,必须首先实现作为日本人以及作为一个独立的日本人的自我确立。为此,必须加强日本历史和日本传统文化教育,让儿童

---

①　Torney-Purta.Predictors of Global Education Awareness and Concern Among Secondary School Students. Columbus[J];Mershon Center of the Ohio State University:1985.23-24.

②　Gary,B.(2005).Interview.Ogle,Bob.New York,April,2005.

③　Sadiq A.Abdullahi Jeacher,S Knowledge,Awareness,and Pedagogy of Global Education in Secondary School [J].Globalization Comparative Education and Police Research,2004(12).

④　国家教育委员会政策法规司.世界教育发展新趋势[M].北京:北京大学出版社,1993:96.

了解自己国家的历史和文化,以便在世界文化中确立自身的位置。[①] 第三,掌握外语,提高对外交流能力,以便在国际交流中既能尊重对方立场,又能阐明自己的观点和意图。在日本,目前着手进行国际理解教育的学校占 40% 左右,在课堂上教授海外知识的居多。日本不仅在大学采取了一系列措施,而且在中小学的课程设置上也有新的举措,日本高中掀起了开设国际关系学科的热潮。此外,日本还在东京创办了一所国际学科的新型高中——都立国际高中,其宗旨是培养具有渊博知识、身心健康、全面发展和具有国际意识以及优秀外语能力的人才。在课程设置上,除一般高中所必修的普通课程外,主要侧重于外国语和"国际学科"的学习,而且后者要占总课时 1/3 的比例。

三、儿童国际理解教育研究重难点拷辩

一是儿童国际理解教育的理论基础与实践应用问题。在理论方面,如何设定儿童国际理解相关问题研究的理论分析框架,以构建问题研究需要的理论基础、话语基础等基础分析框架的创新是实现儿童国际理解教育理论内涵界定、话语体系构建的前置基础。当前,能否在借鉴历史唯物主义关于社会发展、社会生产理论分析框架方法论基础上,与时俱进地设定理论分析框架,并运用这一分析框架对儿童国际理解教育进行研究,关乎儿童国际理解教育能否在基础理论研究方面实现新的突破,也关乎能否将当前儿童国际理解教育的学术话语与西方话语转化为实践话语与本土话语,更关乎能否为儿童国际理解教育的实践问题提供理论支撑。在实践方面,如何提升儿童国际理解教育的应用价值,为国际国内儿童国际理解教育提供具有战略前瞻性、实践可行性的研究报告和咨政建议,关切和回应重大现实需求,增强理论研究成果对重大现实问题的解释力和对公共决策的理论支撑性,是问题研究的出发点和落脚点。对儿童国际理解教育的演进应具有实践指向性,必须将提升理论研究成果的应用价值作为研究的重要目标。因此,对儿童国际理解教育历史经验进行系统总结,对当前儿童国际理解教育的新任务、新要求以及面临的重大挑战和现实问题进行整体把握,并在借鉴国内外已有经验的基础上,为儿童国际理解教育树立具有战略前瞻性、实践可行性发展导向是当前应该突破的瓶颈之一。

---

① 卓挺亚,张亿钧,李汪洋.当代世界教育思潮及教育改革动态[M].海口:南海出版社,2003:254.

　　二是把握儿童国际理解教育发展历程的逻辑与规律问题。对儿童国际理解教育的研究应掌握其内在的演进逻辑,遵照一般性历史规律与儿童国际理解教育的内在契合性与互动关系。按照马克思主义的观点,以人为本、谋求人类自由全面的发展是唯物主义历史观的价值归依、出发点和落脚点。儿童国际理解教育旨在提高未来公民素质,谋求社会共同发展,二者在理论、逻辑、实践层面具有内在统一性。从理论上深刻阐释唯物主义历史观与新时代儿童国际理解教育内在契合性,深入分析唯物史观下的新时代的儿童国际理解教育,是实现儿童国际理解教育研究理论自洽性,实现理论与实践有机统一的基础性工作,是儿童国际理解教育研究应有的重点问题。同时,系统总结国际理解教育、儿童国际理解教育的国内外历史经验,揭示蕴含其中的历史规律也极其重要。第二次世界大战以来,国际理解教育、儿童国际理解教育在欧美、东南亚等国家得到了迅猛发展,如何打破地理疆域的间隔性是进行研究的一大难点。改革开放以来,我国基础教育取得了实质性的发展。对改革开放以来我国儿童国际理解教育的理念、制度、措施和成效进行宏观性分析和全面总结,并揭示蕴含其中的历史逻辑和基本规律,也是推进儿童国际理解教育的难点之一。

　　三是关于儿童国际理解教育实施现状的评估与实施体系构建的问题。从研究现状来看,儿童国际理解教育已经有了一定的基础,但对儿童国际理解教育面临的主要问题和挑战的研究仍相对分散,研究的系统性和整体性不足。总体把握儿童国际理解教育的现状,是巩固基础教育、发展儿童国际理解教育的重要前提。在全球化与孤立主义并存的当代国际体系下,应采用实证研究法,在对儿童国际理解教育所面临的内外部环境、重要影响因素进行全面梳理的基础上,构建科学的评估体系,对当前儿童国际理解教育实施基础进行客观、全面的评估分析,从而为儿童国际理解教育的实践创新提供科学的决策依据。同时,应构建适用于儿童国际理解教育的路径,既要出台政策支持文件,又要长期积淀理论基础;需要对儿童国际理解教育推广实践的历史经验进行系统总结,又需要对新时代儿童国际理解教育的新任务、新要求,以及新时代党情国情世情的深刻变化,对当前儿童国际理解教育的重大挑战有整体性的把握;同时需要对其他国家开展儿童国际理解教育的经验教训进行深刻总结。儿童国际理解教育研究,是一项涉及观念更新、内涵界定、制度政策革新和技术手段创新的系统工程,提出富有现实针对性和可操作性的加强新时代儿童国际理解教育的对策建议,是新时代开展儿童国际理解教育必须重点攻克的重大难题之一。

四是新时代儿童国际理解教育的针对性研究问题。理念的界定不是永恒固定的,随着"人类命运共同体"的提出以及"一带一路"的推进,中国在国际社会的影响力以及为世界和平发展做出更多贡献都在逐步施展,国际理解教育的理念随之"中国化"。党的十八大以来,中国特色社会主义进入新时代,儿童国际理解教育必须要在理念上有所更新,不能停留在简单的课程引进,开展国际交流,组织师生游学等活动上,这对儿童来讲只能算作外在的国际理解。儿童国际理解教育中最重要的便是教育教学结合时代特色,融入当下的理念,植入儿童心里,这样才能培养出具备国际化核心素养的儿童,才能从更高的视域出发,思考全人类的和平发展问题。"'人类命运共同体'视域下的国际理解课程,如何进一步分析、梳理、处理好课程与社会、课程与学生、课程与知识、课程与教学等方面的关系,还需要学校课程开发团队继续思考与实践。"①为此,必须加强儿童国际理解教育的基础研究,从知识构建、培养理念开始,为新时代儿童国际理解教育夯实好最基础、最重要的底座,才能在此之上开设相关课程活动,进行人员培训,为新时代中国培养出具备国际化核心素养的儿童。

五是儿童国际理解教育如何融入地域民族特色的问题。儿童国际理解教育包含各地区各民族的自然、历史、文化等多种领域知识,需要人们"在理解的过程中学会尊重,学会正确看待和处理人与人,人与社会,人与自然,国家与国家,民族与民族关系",②而在理解其他国家民族之前,儿童应先对自己的民族、国家的文化汲取并吸收,将本国的文化理解透彻之后,才能更好地在国际上进行交流。"文化作为人类进化发展的外在结晶,蕴藏着古往今来世人的智慧与坚持,是没有高低贵贱之分的精神财富。全球化的进展让世界各国紧密相连,立场的差别也逐渐凸显出人类相处过程中所面临的挑战与摩擦。国际理解教育是人类迈向共存的重点举措,让我们了解文化、尊重差异、学会认知、学会理解。"③随着"一带一路"的推进,各个国家其实都对人类的和平稳定与可持续发展承担着更多的责任与义务,因此必须做好儿童的交流理解,让世界上更多的儿童了解、明白人类命运共同体的价值理念,实现世界民族的多元共生。对于

① 奚亚英.人类命运共同体视域下小学国际理解教育的实践探索[J].人民教育,2021(13):117-120.
② 徐洁华.中学历史教学中开展民族知识教育的实践研究[D].桂林:广西师范大学,2007.
③ 邵佩雯.国际理解教育中的小学生文化认同研究:以成都市S校为例[D].成都:四川师范大学,2021.

中华民族而言,文化传统是我们的优势,如何去粗取精、古为今用,吸取各地区、各民族优秀的文化,开发出不同的地方特色课程,让儿童在中华文化之下拥有大国文化气度,树立基本的文化自信和自觉,更好地理解人类命运共同体的意义,共同促进世界和平发展则成为新时代开展儿童国际理解教育的重难点之一。

第二章　新时代儿童国际理解教育理论体系构建

国际理解教育是教育的重要组成部分,其理论体系的完善与重构,是新时代社会发展对教育提出的重要诉求。因此,从理论内涵的重构、理论变迁的厘清、本体论的追溯、价值论的拷辩、路径论的明晰等方面,构建新时代国际理解教育的理论体系,既有时代要求,也有实践诉求。

一、新时代的理论内涵研究

任何研究都是置身于社会背景和时代背景之中的研究,没有一种研究能脱离时代而单独存在,国际理解教育也不例外。当前,我国已经进入新时代,新时代对国际理解教育的诉求不同以往,要研究新时代背景下国际理解教育的理论体系,首先要理解新时代的根本内涵。本部分基于政策视角、历史视角、哲学视角、研究视角对新时代的理论内涵进行全面的认识。

(一)政策视角下新时代的基本内涵

不同于其他的历史时期,当前中国正身处百年未有之大变局,中国特色社会主义的发展赋予了"新时代"全新内涵。在教育领域,从政策文件的出台数量来看,2008—2017 年与新时代有关的政策文件共 36 篇,这一数字在 2018 年一跃来到 154 篇,2018—2020 年总计达到 601 篇。可见,在中国特色社会主义政策的指引下新的时代正在构建,具体而言可从以下三个方面阐述。

首先,中国特色社会主义政策明确了"新时代"的全新性质。中国特色社会主义新时代既不是新阶段也不是新时期。时代是指以经济、政治、文化等状况为依据划分的某个历史时期。《教育部 2018 年工作要点》明确表示要"深入学习贯彻习近平新时代中国特色社会主义思想和党的十九大精神,坚决维护党中央权威和集中统一领导。"据此可知,中国特色社会主义新时代必然根植于中国特色社会主义社会之中,发展于中国特色社会主义的初级阶段。中国特色社会主义在党中央的领导之下既坚持科学社会主义基本原则,又根据时代条件赋予其鲜明的中国特色。①

其次,中国特色社会主义政策揭示了"新时代"的思想内核。2020年,中共中央、国务院印发了《深化新时代教育评价改革总体方案》,其中在总体要求部分明确表示,"以习近平新时代中国特色社会主义思想为指导,全面贯彻党的十九大和十九届二中、三中、四中全会精神"。与此同时,结合其他的政策文件也可以看出,习近平新时代中国特色社会主义思想是当之无愧的中国特色社会主义"新时代"之思想内核。习近平新时代中国特色社会主义思想之所以能够成为引领"新时代"的光辉火炬,主要原因在于其能应对时代提出的各种风险和考验,实现马克思主义的时代化,完成时代赋予的历史任务,使我们的方针政策符合时代潮流的过程中形成和发展起来。②

最后,中国特色社会主义政策明确了"新时代"的特殊使命。进入新时代之后,各行各界在政策的引导之下逐渐确定了时代使命。就教育界而言,在"新时代"背景之下,《教育部等八部门关于加快和扩大新时代教育对外开放的意见》(以下简称《意见》)凸显了教育对外开放在我国教育事业和全面开放新格局中的地位和作用,明确了"新时代"教育行业的特殊使命。《意见》指出,教育对外开放是教育现代化的鲜明特征和重要推动力,要以习近平新时代中国特色社会主义思想为指导,坚持教育对外开放不动摇,主动加强同世界各国的互鉴、互容、互通,形成更全方位、更宽领域、更多层次、更加主动的教育对外开放局面。综上所述,在现实背景下,新政策对中国特色社会主义"新时代"的内涵有了全新的界定,"新时代"的内涵不是一成不变的,但它一定是在社会主义初级阶段中国特色社会主义社会产生的,是在习近平新时代中国特色社会主义思想指引下发展的"全新时代"。

(二)历史视角下新时代的理论理解

任何事物的发展都处于历史的潮流之中,随着时代的变迁彰显出发展的规

---

①　陶文昭.论中国特色社会主义新时代[J].教学与研究,2017(12):5-11.

②　秦宣.习近平新时代中国特色社会主义思想产生的国际背景[J].教学与研究,2019(6):5-14.

律和前进道路,以纵向的时间线为轴,可以通过不同时期中国社会主要矛盾的变化探讨时代变化的逻辑转向。

第一个阶段是鸦片战争爆发后,中国面临内忧外患,在这种时代背景之下,我国社会的主要矛盾逐渐凸显,即帝国主义与中华民族之间、封建主义与人民大众之间的矛盾。第二个阶段始于中共八大。彼时,社会主义三大改造完成,社会主义计划经济在中国基本确立。党的八大筹备和召开期间,中央领导人推动制定正确的路线方针,为我们党探索社会主义建设道路提供了宝贵经验。①此时我国社会的主要矛盾是落后的农业国与先进的工业国之间、人民日益增长的物质文化需要与落后的社会生产之间的矛盾。第三个阶段始于党的十一届六中全会。全会一致通过《关于建国以来党的若干历史问题的决议》(以下简称《决议》)。《决议》提出我国社会主要矛盾是人民日益增长的物质文化需要同落后的社会生产之间的矛盾。社会矛盾的变化反映出时代发展的变化,推动经济建设,提高人民生活的物质水平已经成为时代的最强音。第四个阶段发起于党的十九大。习近平总书记在党的十九大报告中回顾党的十八大以来的工作时说,过去五年取得了改革开放和社会主义现代化建设的历史性成就,党和国家事业全面开创新局面。此时,我国社会的主要矛盾已转为人民日益增长的美好生活需要和不平衡不充分的发展之间的矛盾。这种矛盾的变化恰恰反映出"中国特色社会主义新时代"的显著特点。在中国特色社会主义新时代,中国在经济建设方面已经取得显著成绩。2021 年我国 GDP 规模和美国的比值已经超过日本的最高水平,新时代人民群众的物质生活条件发生巨大的飞跃。此时,"新时代"发展的重心也开始发生变化,"新时代"的主要任务已从经济建设逐渐向追求人民群众的美好生活方面转移,这就赋予了新时代新的历史使命和精神内核。

通过上述四个不同历史阶段的社会矛盾变化可以看出,不同时代的社会矛盾反映了不同的社会背景下的时代特征。新时代正是在中国特色社会主义的发展过程中逐步产生的。以不同时期的矛盾为线索,可以明确新时代的核心内涵。

(三)哲学视角下新时代的理论重塑

新时代体现了中国发展从量变到质变的飞跃。唯物辩证法指出,事物发展

---

① 王坤,宋俭.中共八大中的工作方法及启示[J].理论月刊,2017(12):113-117.

是质变和量变的统一,质变是量变的必然结果。在迈入新时代的过程中,我国不断地完成历史使命,通过不同时间节点的量变实现了历史性变革的质变。1978年,十一届三中全会拉开了改革开放的序幕,在对外开放政策的推动下,我国经济取得了惊人的成就。2006年,我国人均GDP跃居世界第四,经济的发展不仅带动了我国国际地位的提高,也推动了教育事业的发展,国民受教育水平显著提高、不同层次的教育齐头并进、国际教育交流纵深发展。2008年,胡锦涛提出要努力把贯彻落实科学发展观提高到新水平,明确了以人为本、全面协调可持续的发展观。在此基础上,党的十八大胜利召开,总结了我国取得的重要成就,提出了"全面建成小康社会"的目标,这是对小康社会战略构想的延伸。与此同时,党的十八大强调要高举中国特色社会主义伟大旗帜,将道路、理论体系、制度三位一体统一于中国特色社会主义的伟大实践。由此得知,我国的发展已经由"量"的体现向"质"的飞跃迈进。

党的十九大拉开了新时代的序幕,中国特色社会主义新时代是我们对历史方位的准确定位。① 进入新时代,意味着中国特色社会主义焕发了强大的生命力,这主要体现在以下几个方面:首先,我国改革开放和社会主义现代化建设取得了重大的历史性成就,即国际地位的提升和关键问题的解决。其次,党和国家事业发生了重大变革,在习近平总书记的带领下,中国特色社会主义站在了新的历史起点上,进入了新发展的层级、水平和境界②,发生了质的转变。质变又会引起新的量变,新时代的要求已经深入各个领域。在习近平新时代中国特色社会主义思想的引导下,"十四五"规划对新时代中国的发展提出了新的要求,并指明了方向。

(四)研究视角下新时代的理论走向

每一个时代都有其特定的发展理念,突出反映了该时代的实践理性、价值取向和时代精神,对社会发展具有重大而深远的影响。③ 因此,我们必须对新时代有一个清晰的认知。只有明确了新时代产生的背景、新时代对社会发展提出的要求,才能够掌握研究的风向标,使研究更有针对性。

社会背景的变化促成了新时代的到来。时代的变迁不是凭空出现的,而是

---

① 陶文昭.论中国特色社会主义新时代[J].教学与研究,2017(12):5-11.
② 韩庆祥,陈曙光.中国特色社会主义新时代的理论阐释[J].中国社会科学,2018(1):5-16.
③ 丰子义.面向新时代的发展哲学[J].北京大学学报(哲学社会科学版),2019,56(5):5-13.

必然依托于社会背景的变化。一方面,我国经济水平稳固提升,习近平新时代中国特色社会主义思想深得人心,人民生活水平不断提高,社会主要矛盾的转变使得我们需要重新审视时代的特质,信息技术的飞速发展既缩短了人与人、人与知识之间的距离,也改变了人们的生活;另一方面,当今国际化程度加深,中国已经成为应对国际问题的重要力量,然而国家间的矛盾竞争加剧,世界多极化进程加快,国际和地区正在经历着深刻复杂的变化。在新的挑战下,2017年,习近平总书记在联合国日内瓦总部发表《共同构建人类命运共同体》的演讲,指出在和平发展的主题下,中国坚持构建人类命运共同体,实现共享共赢。联合国教科文组织《一起重新构想我们的未来:为教育打造新的社会契约》报告中提到,当今世界正处于一个转折点,需要共同努力,创造休戚与共且相互依存的未来。在国内外形势的变革下,我国从经济、政治、教育等多个方面积极调整,谱写新时代中国特色社会主义的时代篇章。

新时代的到来要求研究者进行思维重构。时代是思想之母,时代的转换伴随的是体系的转变。新时代赋予教育新的使命,对教育提出新的要求,即培养全面发展的社会主义建设者和接班人。因此,研究者需要将教育放置在新时代的背景下,以新的视角去重构看待问题的思维方式和实践机制。在思维方式层面,研究者要以习近平新时代中国特色社会主义思想为指导,以新时代教育的政策方针为指引,建构教育发展的理论基础;在实践机制方面,研究者要明确新时代国际和社会的要求,建构有助于培养新时代高质量人才的实践机制,推动新时代的内涵与教育实践更好地融合。

二、新时代儿童国际理解教育理论变迁及表征

在中国知网以"国际理解教育"为主题进行搜索发现,关于"国际理解教育"的研究文献从 1974 年开始有一千多篇,研究热度呈上升趋势,越来越多的学者意识到"国际理解教育"的重要性,证明我国对"国际理解教育"越发重视。

(一)理论启蒙阶段

中华人民共和国成立以来,我国对国际理解教育的研究很贫乏,1974 年之前研究文献数量为零。1974 年联合国教科文组织以"人类和平"为终极目标提出国际理解教育理念及跨国家的教育实践活动。因此,1974 年国际理解教育首

次进入中国研究者的视线。1974—1978年我国关于"国际理解教育"的研究文献仅有6篇,均发表在《外国教育研究》上。这表明我国当时对国际理解教育的重视程度不够,很多人没有接触这种理念和思想,甚至对什么是国际理解教育的含义知之甚浅。这跟当时中国政治经济发展落后和人们的思想受限的现实情况有关。

（二）理论起步阶段

1978年召开的党的十一届三中全会是中国历史上划时代的重要会议。这场会议犹如一场及时雨,纠正了长期以来"左"的思想的严重束缚,全会决定将全党的工作重点和全国人民的注意力转移到社会主义现代化建设上,提出了改革开放的任务。随着改革开放浪潮的到来,中国不仅在经济方面采取一系列重大措施,对管理体制和经营管理方法进行认真改革,在自力更生的基础上积极发展同世界各国平等互利的经济合作,而且在文化方面也加强跨文化交流,促进各国文化交流。同样在中国知网上搜索发现,1978—2001年以"国际理解教育"为主题的文献达到了37篇。这表明我国对国际理解教育的研究开始慢慢起步,但是总体还是处于初始阶段,研究文献数量较少,而且研究文献大多数是对美国、日本等发达国家国际理解教育的阐释。

（三）理论发展阶段

在中国知网上搜索发现,2001—2009年以"国际理解教育"为主题的文献达到了133篇。在这段时间,我国关于"国际理解教育"的研究数量是1978—2001年的3倍多,这与我国的国内环境有很大的关系。2001年中国加入世贸组织,进一步加快了对外开放的步伐,经济发展需要政治发展与之相匹配,培养国民具有国际视野才能实现政治、经济、文化的可持续发展,才能维持国际环境的和平稳定。我国的发展需要更多具有国际核心竞争力的有用之才,国际理解教育作为提升国民教育素养的重要部分被提到了一定的高度。

（四）理论成熟阶段

在中国知网上搜索发现,2009—2022年以"国际理解教育"为主题的文献已经超过千篇。经过这十几年的发展,我国关于"国际理解教育"的研究由初期的探索、启蒙、起步、发展到如今日趋成熟,研究取得了质的飞跃。这一方面得益于和平稳定的国际环境,给国际理解教育的发展提供了土壤;另一方面得益于中国综合国力和人民综合素养的提升,国民的国际视野更加开阔,跨文化交际能力明显增强。

"和羹之美,在于合异。"人类文明的繁荣发展,离不开世界各国的相互包容、求同存异。面对世界多极化局势的发展,加强国际理解教育要从培养小学生的国际理解教育能力着手,培养儿童的国际思维、世界情怀,引导学生热爱和平,维护正义,加强儿童的跨文化交际能力,助力于未来世界的文明与进步。

三、新时代儿童国际理解教育本体论

"新时代"与"国际理解教育"不是机械联结,而是有机融合。"新时代"以其"新"凸显了"国际理解教育"的时代意义、政治意义和文化意义,为"国际理解教育"提供了价值坐标和发展路向。"国际理解教育"作为全球化、国际化的必要之维为"新时代"提供了动力,注入了活力,是"新时代"的实物载体和物质基础。因此,新时代国际理解教育应运而生,应需所为。

1946 年,联合国教科文组织在第一届大会上,正式提出了国际理解教育,并且将其作为推动世界和平、实现人类共荣的重要手段和方式。在至今的 70 多年里,联合国教科文组织对国际理解教育发展起到了巨大的促进作用,如 1974 年通过了《关于教育促进国际理解、合作与和平及教育与人权和基本自由相联系的建议》,1990 年颁布了《世界全民教育宣言》,2005 年颁布了《塑造明天的教育——联合国可持续发展教育十年计划》等政策性文件。随着 21 世纪的到来,和平、发展与共存成为人类共同的追求,国际理解教育的地位和作用逐渐得到各国的支持和认同。[①] 我国 2010 年颁布的《国家中长期教育改革和发展规划纲要(2010—2020 年)》、2016 年制定的《中国学生发展核心素养》、2020 年颁布的《教育部等八部门关于加快和扩大新时代教育对外开放的意见》等一系列重大政策文件中均涉及"国际理解教育"。

"国际理解教育"越发受到我国重视,但却没有形成与我国尤其是新时代语境相匹配的明确概念。国际理解教育的相关概念繁多,如全球胜任力教育、多元文化教育、跨文化教育、可持续发展教育,而且国际理解教育自身的概念界定

---

① 张蓉,龚灵.我国国际理解教育研究回顾与反思:基于中国知网(CNKI)的文献分析[J].教育与教学研究,2020,34(5):53-62.

也是不一而足。有学者认为,我国语境中的"国际理解教育"概念有四个不同来源:一是来自联合国教科文组织,以实现人类和平为宗旨的国际理解教育;二是来自全球责任意识,以解决人类共同面临问题为目的的国际理解教育;三是来自各国全球化政策,以解决全球化带来的国内问题,提升本国、本民族国际竞争力为目标的国际理解教育;四是以"了解"国外文化为目的的国际理解教育。①这反映出我国的"国际理解教育"概念受外来影响较大,缺乏对我国进入"新时代"站在新的历史方位的聚焦与关注,还没有真正立足本土,面向世界。

新时代国际理解教育不仅要看到中国进入新时代,朝向社会主义现代化强国进发,人类命运共同体、全球治理体系、教育对外开放等国家意志和国家战略成为中国全球化进程中的重大选择,还要坚持三项基本原则。一是教育的主要目的就是培养民族的忠诚感。② 无论是哪种教育都必然依存于一定的组织或国家机构,受到其物质供给和价值引领,生成内在意识和属性,即国际理解教育具有民族性或国家性。二是国际理解教育的"国际范"是其鲜明的特点,这意味着国际理解教育建立在"国际"的基础上且内蕴国际性,只有理解国际社会上的其他国家,才能真正呈现国际理解教育应有的形态。三是国际理解教育始终关照和追求世界和谐、人类和平及全球社会正义,这是国际理解教育的初心和使命。因此,新时代的国际理解教育是一种在本国、他国、全球三个维度之上构建的立足本国历史文化和时代境遇,增进学生国家价值认同和民族文化自信,促使学生主动理解、尊重不同国家、地区和民族的历史发展与文化传统,减少国际歧视和冲突,处理全球危机、逆全球化动荡,形成共同繁荣、持久和平的世界的价值认同和认知的教育活动。

(一)国际理解教育的重要属性

国际理解教育具有国际性和民族性、普遍性和个性、多元化和单一性、共生性和竞争性等属性特征。

1.国际性和民族性

国际理解教育在教育理念方面是国际性和民族性的统一。民族性是一个国家或民族在历史演进过程中形成的独特气质和文化,是国际性的基础,国际

---

①　姜英敏.国际理解教育≠对外国、外国文化的了解[J].人民教育,2016(21):62-65.

②　康德尔.教育的新时代:比较研究[M].王承绪,等译.北京:人民教育出版社,2001:54.

性是一个国家或民族同其他国家或民族进行文化交流与互鉴的能力,其中的理解和包容能力是民族性的彰显。

国际性是国际理解教育的应有和需有之义,从国际理解教育本身来看,"国际"是其区别于通识性教育的显著标识,意味着国际性是其本质特性,国际理解教育是基于国际、在国际中、追求国际的教育。进一步说,在经济全球化、教育国际化及国际危机弥漫的时代,寻求国与国、民族与民族间的理解与和谐是非常急切的任务,国际理解教育需重视教育面向国际,主动拥抱国际,倡导多元、消除偏见。

民族性是国际理解教育的必然遵循,国际理解教育以本国或本民族人民为主体,一方面,主体只有认识到本国或本民族丰富的文化内涵和强大的文化力量,本国文化才能作为主体理解别国或民族文化的参考系,也因而主体才能品鉴、欣赏别国文化的差异。另一方面,当主体没有深入感知与了解到本国文化的充实,在面对别国文化的精彩纷呈或泥沙俱下时,便可能没有文化判断力而造成"别国的月亮更圆"的盲目,在文化上成为别国或民族的附庸。因此,国际理解教育要坚持立足本国文化、特色、价值观,强化主体对本国或民族的历史、文化的了解和认同感。

2.普遍性和个性

国际理解教育在教育对象方面是普遍性和个性的统一。国际理解教育的范围与界限是一定的,尤其在教育对象中体现出来。不同于汉语国际教育、留学生教育、跨境教育的教育对象是多地区、国家和民族的,国际理解教育只针对本国受教育者,但又覆盖本国所有人民。

国际理解教育的教育对象蕴含双重普遍性。国际理解教育不仅关涉中小学教育、高等教育、职业教育,还关涉社会教育、家庭教育、成人教育,甚至是终身教育的一部分。换言之,国际理解教育的教育对象包括各层次、各类型教育的学生。另外,国际理解教育的教育对象所要发展的不只是对国际文化的认知结构,而是围绕国际理解的全方面能力的发展、提高,如国际历史文化了解能力、判断能力、研究能力、运用能力等,否则国际理解教育将停滞在"国际了解教育""国际误解教育"阶段。①

---

① 姜英敏.全球化时代我国国际理解教育的理论体系建构[J].清华大学教育研究,2017,38(1):87-93.

国际理解教育的教育对象也具有个性。国际理解教育面对的是处在不同境遇、不同阶段、不同空间中的人,这要求国际理解教育要根据现实环境和个人特质开展教育教学活动,国际理解教育内容既要一体化制定,也要分阶段、分程度实施。如小学阶段的儿童认知水平还不高,对别国文化接受有限,而且对本国没有充分理解,因此,国际理解教育重点在于增强对本国历史与文化的了解和认同。

3.多元化和单一性

国际理解教育在教育方式上是多元化和单一性的统一。多元化的教育方式为国际理解教育打开了更多的教育空间,成就了更多的教育可能,有利于国际理解教育在时代要求框架下进行,适合国际理解教育人才全方位培养。单一的整体教育方式又保障了国际理解教育的核心意旨和连贯性。

国际理解教育方式的多元化,意味着国际理解教育没有囿于学科课程教学,而是呈现多种教育形态。国际理解教育在实践中既表现出渗透在学科教学中,如英语、语文、历史、政治、地理等,又体现为各学科渗透和整合、专设课程、主题活动、对外交流、校园环境、家长与网络资源等。[①] 这些多种多样的教育方式本身又分为许多子结构与子方式,如国际理解教育可存在于国家课程、地方课程和校本课程及综合实践活动共同形成的课程体系中。国际理解教育的多元方式能够使受教育者的国际理解态度、知识、能力得到全面提升,也令其自身在复杂性演进中贯彻落实。

国际理解教育方式是极度单一化的,这由教育职能和人才培养要求所共同决定。以学科课程教学为载体进行国际理解教育是一种普遍做法,也是应然选择。国际理解教育本质上是价值观教育,与思想政治教育在目的与方向上一致、内容与方式上共通、过程上相似与统一,[②]国际理解教育是思想政治教育的时代延续和重要构成。国际理解教育不能成为一个单独的学科或领域,既不合理,也不符合知识发展规律和自身性质。综上两点,国际理解教育主要是在思政课上或学科思政时进行。

4.共生性和竞争性

国际理解教育在教育目标方面是共生性和竞争性的统一。从"地球村"到

① 高维.中国大陆国际理解教育研究:历程、进展与展望[J].基础教育,2017,14(4):89-102.

② 刘晓雄.发展国际理解教育建设和谐世界[J].东岳论丛,2006,27(6):129-131.

"全球化"的演进,世界已在政治、经济、文化、生态等方面成了一个内部高度联合、具有"蝴蝶效应"发生可能的巨型系统。民族、国家、地区互相之间只有竞争,世界可能瞬时分崩离析,因此异类共生、竞争中共生是国际理解教育的价值追求。

国际理解教育将共生思维、共生行动的培养作为教育的主线,以共生的追求为最终目的。当今狭隘的、占有式的民族主义、霸权主义有复苏抬头之势,逆全球化成了一些国家谋取最大私利的手段。一些国家把中国的崛起视为霸权当道、强权横行的阻碍,用制裁、威胁等手段阻挠中国的发展,在冷战思维、强权政治、零和博弈之下,国际正常发展秩序、和谐和世界大同的理想被弃之不顾,这些现状都呼唤着国际理解教育。国际理解教育强调人类命运共同体意识,使学生能够了解、欣赏别国历史文化,具有包容性和理解力,分析和判断国际问题,讲好中国故事,传播中国文化;杜绝工具主义和占有主义,拒斥把他国或民族客体化,着眼于"我—他"关系到"我—你"关系的转变。

国际理解教育不是要否定竞争,而是寻求合理的竞争。"国际理解教育是面对差异、认识差异、试图化解差异所可能导致的危险的教育。"①国际理解教育不是以本国人认识、理解别国文化为终点,而是在理解熟悉别国文化,对比本国和别国文化的基础上,为消除敌对情绪,增进彼此理解,取得共识进行实践,以有价值且合理的竞争冲破重重文化区隔、阻碍。

(二)国际理解教育的本质特征

1.形成持久和平

国际理解教育致力于世界持久和平构建,"国际理解教育是围绕人类和平发展而在不同人群间展开的相互感知和彼此认同的教育活动"。② 人类和平是国际理解教育的归宿,国际理解教育有着深厚的和平基因,国际理解教育在追求和平之路上,要求互相尊重的教育方式和平等协商的教育过程,把和平之精神贯穿在教育活动的全过程、全方位。

2.促进共同繁荣

国际理解教育逐步得到世界大多数国家的认可且应用在本国不同类型和

---

① 范雷.国际理解教育的障碍[J].教育学报,2006,2(3):23-26.
② 朱兴德,程宏.开展国际理解教育培养学生全球视野[J].思想理论教育,2010(18):4-8.

层次的教育中,重要原因就是其满足国家经济发展需要。随着我国经济全球化水平不断提高,供应链和需求链国际化程度加深,国际理解教育应该且能够培养正确识别国际经济形势、争端,参与国际竞争,处理好国际经济事务和问题的人才。

3.加强包容互鉴

国际理解教育具有强调文化交流、文明互鉴的鲜明品格,从人类文明整体统筹考量,以多元文化认同为己任,倡导文明文化相互理解、共存共生,进而打破文明文化隔阂、化解文明文化冲突。因此,国际理解教育教学重视受教育者对别国历史文化的理解、尊重、信任,以"兼收并蓄"推动国际合作、包容,在共同价值规范下实现"美美与共"。

四、新时代儿童国际理解教育价值论

随着世界政治经济的深入发展与融合,世界各国同处于一个"地球村"。如果把世界比作一棵参天大树,各个国家就是每片树叶,国家之间的理解就是树木成长的所需养分。唯有世界各国加强合作、求同存异,秉持包容的心态接受异国思想和文化多样性,才能共同构建和平正义、开放包容的国际环境,世界这棵树才能枝繁叶茂。

2012 年,党的十八大明确提出构建"人类命运共同体"的畅想,中国在追求自己国家发展利益的同时也会关注他国需求,从而达到合作共赢的局面。2013年习近平总书记高瞻远瞩,从世界未来发展大势出发,提出"一带一路"倡议,旨在通过加强国际合作,对接彼此发展战略,实现优势互补,促进共同发展。这些年来,中国身体力行,用实际行动践行"人类命运共同体"的理念,在国际发展中贡献中国力量,为世界和谐发展提供中国方案,同时也带动帮助其他国家一起进步。

大道不孤,天下一家。新时代加强国际理解教育实践活动,具有深远的现实意义。

首先,新时代加强国际理解教育,有利于加强国际交往、解决发展面临的难题。随着全球化时代的到来,整个世界处于"你中有我,我中有你"的地球村。世界各国在共享他国发展带来的红利之外,也必将一起承担世界发展过程中面临的问题和困境。这些问题包括国际竞争导致的两极分化;片面追求经济发展,忽视环境保护造成的环境污染和空气污染;世界范围内的疫情蔓延,人口结构失去平衡导致的老龄化等。在严峻复杂的国际环境中,没有哪个国家可以独善其身,加强国际理解教育,共同找寻处理国际问题的最佳方案是时代发展所需,也是各国的责任。加强国际理解教育,是新时代践履人道主义精神和养成国际情怀的现实需要。

其次,加强国际理解教育,有利于新时代中国进一步实行对外开放。在"一带一路"国际合作高峰论坛、博鳌亚洲论坛、中国国际进口博览会等多个国内外重要场合,习近平总书记多次强调,中国开放的大门永远不会关上,只会越开越大,而且会越开越敞亮。中国只有加强国际理解教育,才能培养国人的国际视野,带领中国人民放眼全球,培养包容、开放、共享的心态,在国际竞争中主动学习掌握前沿科技,在高科技领域享有一席之地,在对外开放的大环境中取得竞争优势。

最后,新时代加强国际理解教育,有利于提升国民综合素养。《中国学生发展核心素养》总体框架中专门提到"国际理解"的思想,并将其列为核心素养之一。中国特色社会主义事业发展需要德智体美劳全面发展的有用之才,"培养什么样的人"是中国教育发展的关键,也是考验中国未来能否在国际社会赢得尊重和理解的关键。因此实行"五育并举"的教育理念,通过德智体美劳综合素养的全面培养,培养国民的国际视野,提升国民的跨文化交际能力,使他们能够积极传播本国优秀文化,了解并接受他国文化,用更加宽广的心态去拥抱世界。这将进一步加强国际交往与融合,加深国际情感交流,科学研判国际形势,提高中国在国际的社会影响力和感召力。

(一)新时代国际理解教育的目标体系

从层次的角度出发,新时代国际理解教育应定位为一种建立在本国、他国和全球三个维度之上的教育实践活动。从受教育者角度来说即是通过教育活动践行跨个体、跨种族、跨国别的价值认知与认同。基于此,从上述三个维度理解国际理解教育的目标侧重有所不同,关于国际理解教育目标的论述也应按照总目标、本土目标、国际目标等方面展开。

1.新时代国际理解教育总目标

首先,回答新时代国际理解教育的总目标就是要立足世界发展大背景,把握我国历史发展方位,回答国际理解教育"培养什么样的人"的问题。因此,将研究落脚点从庞杂变化的目标体系转换到始终作为国际理解教育实践活动中心的受教育主体上。其次,前文已论述本研究选择从本土、他国与全球三个维度对国际理解教育展开相关研究,因此总目标体系选择延续这一逻辑主线。最后,结合国际理解教育的内涵,即通过教育帮助受教育者实现价值认知和认同的实践活动。因此,本研究对新时代国际理解教育的总目标表述如下:通过国际理解教育,使得受教育者获得对本国文化、他国文化和全球的价值认知和认同。

关于上述总目标需要说明的是:首先,国际理解教育的目标是一种为了"求同"的目标。当今世界正处在前所未有之大变局,信息化趋势更加显著,知识与技术的进步将迎来第四次产业革命,伴随着技术革新我们的社会和生活也随之发生改变。大变局意味着大发展、大变革、大调整、大重组的机遇与挑战,但是不管国际局势如何变化,维护和平、保护人权、合作共赢仍是全人类共同的美好向往,也是国际理解教育的主题。抛开种族、地域、国别等因素,人类作为一种社会性生物,启发思考且引导践行个体与个体、个体与自然、个体与他者、个体与群体、群体与群体的和谐共生模式是必须且必要的。但同时国际理解教育目标也是一种"存异"的目标。不同国家、种族与阶级等方面的差异造就个体存在不同的信仰、认知和思维方式等,因此达成绝对理解是一件几乎不可能的事情。新时代国际理解教育目标要着眼现实,不能把国际理解教育简单地视为达成"视域融合",达到"绝对认同或理解",而是要在尊重差异、拥抱差异、允许差异的前提下更好地理解我们的民族、我们的国家、我们的世界。

2.新时代国际理解教育的本土目标

"家是最小国,国是千万家。"在把握中国政治文化思想基础之上构建国际理解教育的核心内容和精神内核,才能引领人们思想的共情、促进宽容尊重的现代世界公民的成长。因此,设置本土国际理解教育目标,需建立在了解本国历史文化发展脉络基础之上。只有加深了解本国历史文化,理解本民族文化,才能铸就热爱祖国、报效国家的思想根基,树立赓续中华优秀传统文化的思想之魂,才能向世界宣扬中国精神,讲好中国故事。同时,加强国际理解教育能为全球化带来的国内问题提供思路,促进国内各民族、多元价值等方面的和谐共生。

"国际理解"旨在促进不同文化背景、不同种族、不同宗教信仰的不同国家、民族、地区人们之间的相互尊重、理解和宽容。我国本土国际理解教育的理论前提是尊重理解本国国土文化,在此基础上提升国民核心素养,培养大批具有全球视野的高层次国际化人才。本土国际理解教育的内容涵盖民族教育、移民教育、海外子女教育等方面,国际理解教育的目标是通过国际理解内容的教育,达到民族融合、多元价值共存、不同群体和谐共生。

2010 年我国出台的《国家中长期教育改革和发展规划纲要(2010—2020年)》(以下简称《纲要》)强调,要加强国际理解教育,推动跨文化交流,增进学生对不同国家、不同文化的认识和理解。我们根据《纲要》要求和基础教育的特点,确立了培养具有中国灵魂、世界眼光的现代中国公民的国际理解教育核心价值目标。[①]

中华五千年历史文化绵延不断,传承下来的"家国情怀"流淌在每个中国人的血脉里,对"家国情怀"的诠释随着时代的改变在改变,但其亲国亲民、保大国为小家的中国精神内核没有改变。有着"家是最小国,国是千万家"的基因烙印,中华各民族同胞一直生活在充满爱的大家庭里。国际理解教育正是建立在本国国民对本国文化高度认可的基础之上。现在我们已经迈入中国特色社会主义新时代,新时代中国国民思想文化素养和法治素养高度提升,核心竞争力增强。这种核心竞争力也体现在国民的文化自信上。正是坚持走中国特色社会主义道路,坚持中国共产党的领导,中国才能有中国传统文化、革命文化和社会主义先进文化的文化自信。这种文化自信可以在面对文化冲突时沉着冷静研判国际国内形势,在关键时刻抵御外国文化的侵袭,使我们保持头脑清醒,不会思想摇摆不定,不会随波逐流。这种文化自信可以让我们在世界命运共同体中找寻本国的价值遵循,主动担负大国责任,培养中国特色社会主义事业的可靠建设者和合格接班人。儿童是中华民族未来发展的希望,少年强则中国强。因此,本国国际理解教育就要从儿童抓起,培养儿童胸怀世界的国际思维,培养儿童立足本国的中国情怀,培养儿童担当责任的国际使命感。

3.新时代国际理解教育的国际目标

世界各国为了推进不同国家和地区间的相互理解、彼此尊重和协作发展,着力培养适应未来发展的局势,具有国际理解品性和国际胜任力的全面人才。

---

① 李正平,王玉梅,刘文可.学科渗透国际理解教育的实践研究[J].教育科学论坛,2019(10):31-33.

国际理解品性和能力的培养主要以世界各国普遍关注的"人权、和平、民主"等为主题,从全球视野、跨文化交际能力、外语能力、信息处理能力等方面培养。一些发达国家对国际理解教育的理论研究、教育策略研究、课程建设研究等方面都取得了长远的发展。

在美国,"国际理解教育""全球教育""国际教育与世界教育"等概念都可以被划分为对国际理解教育的研究。美国对国际理解教育的研究开始尚早,可以追溯至 20 世纪 40 年代。20 世纪 40—70 年代是美国国际理解教育研究的开端。当时,美国开始制定有关国际理解教育的政策,旨在通过国际理解教育政策的实施,培养学生的世界意识。第二次世界大战结束后,作为联合国成员之一的美国,响应联合国和联合国教科文组织的号召,积极推行国际理解教育。1948 年,美国全国教育协会发表了《美国学校中的国际理解教育、意见和建议》,该报告提倡进行国际理解教育活动,培养具有"世界意识"的美国人,维护世界和平,被认为是美国学校国际理解教育的开端。当时美国政府的教育方向是通过引导学生学习全球人口、资源、经济、环境、国际冲突等问题,尊重、学习和理解不同国家和民族的文化,引导学生树立多元文化和谐共生的理念。随着冷战的进行,美国出于国际环境、国家战略的考虑,在国际理解教育中融入国防安全的内容,加强普通学校的自然科学、数学和现代外语的教学。通过支持学生出国交流、学习他国语言与文化等方式来增进对其他国家的国际理解,维护本国国家安全。20 世纪 70 年代,为适应全球化趋势,提升本国国际竞争力,美国开始注重培养有国际视野的美国公民,因此也加大了推进国际理解教育的力度。20 世纪 80—90 年代,美国对国际理解教育虽有争论,但总体对国际理解教育还是持积极的接受态度。他们的争论点在于,认为国际理解教育用理想国似的泛和平主义世界观代替基督教伦理,对美国国家利益造成一定的安全隐患。经过多方辨析和论证,有关国际理解教育问题的很多不同思想得到了统一和解,美国国际理解教育更加重视在小学课程建设中融入世界文明发展课程,更加重视对比本国与世界文化差异类课程,更多开设国际国内政策分析课程。美国在中小学进行国际理解教育的目标是培养学生具备在一个多元的、相互依赖的、自然资源有限的世界中更好地生活所需的知识、技能和态度。[①] 进入 21 世

---

① 张蓉.从世界意识到全球素养:美国中小学国际理解教育政策的演进[J].当代教育论坛,2021(2):47-56.

纪,美国中小学国际理解教育更加培养美国公民具有全球素养,全球素养培养成为美国中小学国际理解教育的核心。全球素养包括具有全球意识,学习其他国家外语知识,维护国家安全,拥有应对全球挑战的勇气和解决全球问题的能力。

韩国早在 1954 年就创建了联合国教科文组织韩国委员会,其主旨就在于将国际理解教育作为核心项目去推进和发展。韩国国际理解教育发端于 20 世纪 60 年代,在 20 世纪 70 年代由于韩国政府的政策导向,出现了停滞状态。当时韩国政府为了统一国民思想,推行爱国主义教育,维护本国国家意识形态,排斥其他国家思想文化的侵袭,所以国际理解教育在这一阶段没有得到实质进展。20 世纪 80 年代随着国际化趋势的增强,国际理解教育再次回到韩国视野,备受韩国政府重视。韩国政府为了赶上国际化潮流,制定 21 世纪教育规划时融入了国际化对策内容,主动实施国际化教育战略,积极参与国际理解教育研讨会,通过联合国教科文组织举办合作学校,加强国际社会间的思想碰撞、交流合作。20 世纪 90 年代,随着国际经济一体化局势的发展,韩国国际理解教育在这一时期也得以蓬勃发展。1995 年 5 月,韩国教育改革委员会制订《建立新教育体制的教育改革方案》(史称"5·31 方案"),该方案实行"以人为本"的教育理念,尊重人的个性化发展,注重培养学生国际化思维和国际化能力。迈入 21 世纪以来,随着世界政治、经济全球化的发展,韩国政府对国际理解教育更加重视,认识更为深刻,活动范围也更加广泛。通过遴选国际理解教育示范校、制订国家人力资源发展计划、参加联合国教科文组织的关于国际理解教育活动、举办世界教育论坛等措施来推行国际理解教育,积极培养适应时代发展所需的"全球公民"。

日本国际理解教育起步于 20 世纪 50 年代,分为三个阶段。第一阶段为 20 世纪 50—70 年代,日本在联合国教科文组织的领导和倡议下,以合作学校为媒介开展国际理解教育。第二阶段为 20 世纪 70—90 年代,这一阶段日本的国际理解教育侧重进行留学生教育、留学人员子女教育、外语教学等实践活动,实施机构由原来的联合国教科文组织转变为文部科学省,目的在于培养具有"国际素质的日本人"和"世界中的日本人",与来自不同国家,具有不同背景的人和谐相处。第三阶段为 20 世纪 90 年代至今的国际理解教育。一方面,国际理解教育受日本国内环境的影响呈现国际理解教育概念混乱的局面。这一时期出现了国际教育、异文化教育、国际化对策教育、全球教育等不同概念的阐释。另一方面，日本在国际全球化影响下，开始关注国际社会共同关注的问题，例如贫富差距问题、全球环境问题、能源问题、全球疫情问题等，也注重日本在国际社会的感召力和影响力。为了促进与其他国家的合作与交流，日本的国际理解教育在其政策研究、教育内容、实施机构等方面纵深发展，扩展了广度和深度。国际理解教育的目的也延伸为促进多元文化理解，共同应对生态环境问题，加强科研合作，共同创新，以求在国际竞争中取得核心竞争力，把握发展主动权。

日本学者对国际理解教育目的也有研究，其持有观点存在分歧。以大津和子、鱼住忠久等人为代表的学者认为国际理解教育的目的在于培养能够适应未来生活的"全球市民"。他们认为国际理解教育就是培养全球市民的教育，在他们关于国际理解教育的论述中，很少看到"日本国民"等描述，并且主张回归联合国教科文组织的精神。另一种观点则是以日本文部科学省为主，主张培养以爱国主义为基础，能够维护国家利益、生存于国际社会的"合格国民"，例如海后胜雄认为"国际理解与民族意识互为表里"[①]。日本文部科学省在 2020 年《新学习指导纲要》中，将"合格国民"改为"生活于世界社会的日本人"，但是不难看出，日本文部科学省在推行国际理解教育的过程中，仍然偏向国家性、民族性。随着科学技术的进步，第四次工业革命时代悄然到来，以大数据为基础进行判断的人工智能和通过互联网进行连接的物联网（Internet of Things，IOT）技术的发展，在不久的将来，国际社会必将发生翻天覆地的变化。为了在未来社会求得生存和发展，教育改革也势在必行，由原来的"知道什么"转变为"能做什么"，由四维目标（知识、能力、态度和体验）转变为新三维目标。日本 2020 年颁布的《新学习指导纲要》中，从"资质与能力"的角度提出了新的三维目标，其内容包括："知识技能""思考力、判断力、表现力""向学力、人间性"三个方面。[②]日本不断地修正宽松教育政策，重视学生"资质与能力"的培养，为学生更好地适应未来生活奠定基础。[③]

（二）新时代国际理解教育的基本内容

国际理解教育的目标规范着国际理解教育的内容。基于国际理解教育目

①　姜英敏.东亚国际理解教育的价值冲突探析[J].比较教育研究,2007,28(5):53-58.

②　奈须正裕.小学校新学习指导要领整理总则[M].东京:东洋馆出版社,2017:62-65.

③　高维.中国大陆国际理解教育研究:历程、进展与展望[J].基础教育,2017,14(4):89-102.

标的要求,国际理解教育的内容应主要体现为国际理解知识、国际理解能力、国际理解态度等三个层面。

1.国际理解知识

国际理解知识是对多元文化世界的客观而理性的认知。掌握国际理解知识是培养国际理解能力、端正国际理解态度的前提。国际理解知识具体包括四个方面:一是不同国家、民族和地区的政治、经济、历史、科技和文化等方面的情况、各种社会制度的不同与联系、国际格局和国与国之间的相互依存关系;二是人类历史发展的基本趋势、特征和发展规律;三是国际规则、国际法律、国际礼仪、国际机构、各国风俗等;四是文化、和平、人口、人权、公正、环境、资源、气候等重大国际问题。

2.国际理解能力

国际理解能力是从事国际理解教育活动所必备的个性心理特征。培养国际理解能力是国际理解教育的核心。国际理解能力主要包括四个方面:一是参与能力,即参与是知识内化的必要条件。在学生的心灵深处都存在着自己成为一个发现者、研究者、探索者的愿望。学生应积极参与国际事务,将国际理解教育的要求转化为学生自己的内在要求,将国际理解教育目标转化为学生学习的内驱力,使自己真正成为主人。参与能力是决定国际理解教育效果的最直接、最基本的因素。二是交往能力,即与他人、国际组织以及他国建立广泛联系并能妥善处理各种关系的能力,对全球有关信息吸收、转化的能力。在国际理解教育过程中,面对不同国家、民族的文化只有在国际交往活动中才能真正理解对方文化,才能相互深入地交流沟通,才能和谐共处、共赢。三是合作能力,即人与人之间、国与国之间相互依存、相互沟通、相互协调以求共赢发展的能力,是使个人、国家的生存发展不妨碍他人、他国的生存发展,而他人、他国又积极配合个人、国家的生存发展的能力。合作不排除竞争,合作中有竞争、竞争中存合作已成为全球化时代的主题与要求。四是批判能力,批判是创新的前提。亚里士多德认为:"批判的目的在于能够从正反两方面洞察出真理和谬误。"①批判能力是指在高度认同、自觉践履我国社会主体文化的基础上,对全球多元文化进行理性判断与甄别,剔除其糟粕、吸取其精华、克服偏见和傲慢,进而丰富、

---

① 熊梅,刘志豪,多田孝志.日本国际理解教育的框架体系与未来课题[J].外国教育研究,2019,46(10):115-128.

创新我国社会主体文化的能力。批判能力包括自我批判能力和社会批判能力。

3.国际理解态度

国际理解态度是对国际理解教育所持有的体验和行为倾向。国际理解态度作为开展国际理解教育的非智力因素是国际理解教育内容的理性升华,对国际理解教育的开展具有重要的影响作用。国际理解态度主要包括四个方面:一是开放,即能够以"地球公民"的胸怀尊重、包容别国文化;能够站在全人类共同发展和进步的高度思考问题;能够学习和借鉴世界各民族文化之精华,推动我国文化发展和创新。二是理解,即认同世界多元文化、多元制度、多元意识形态,与他国沟通协商共同解决国际问题。理解是一个双向过程,包括自己理解他人和自己能够被他人所理解。三是尊重,反映的是人和人之间、国与国之间的一种平等意识,表现为对不同国家不同形态的政治、历史、文化以及对他人的重视。尊重既包括自我尊重,也包括对他人的尊重。四是责任,即个体或国家能够担当分内的职责,承担应当承担的义务,完成应当完成的使命,做好应当做好的工作。

有研究者根据联合国教科文组织的《第 44 届国际教育大会宣言》,对国际理解教育目标进行了系统的阐释:在青少年中开展国际理解教育是为了使其在认同本民族文化的基础上,了解别国历史、文化、社会习俗的产生、发展和现状;学习与其他国家人们交往的技能、行为规范,建立人类共同的基本价值观;能够分析和预见别国政治、经济发展状况及其对本国发展的影响;正确认识和处理经济竞争与合作、生态环境、多元文化共存、和平与发展等方面的国际问题;培养善良、无私、公正、民主、热爱和平、关心人类的共同发展的情操;担负起"全球公民"的责任和义务。

日本国际理解教育学会将国际理解教育划分为四个要素,即"相互理解""人间理解""文化理解""世界现实的理解",并详细解释了四个要素的内涵。"相互理解"包括自我理解和他人理解,这种自我与他人的理解是"人间理解""文化理解""世界现实的理解"的共同点。理解包括情感和理性两个方面:首先,理解是主体和客体间的体验或者情感共同表现的结果;其次,理解是主体逻辑地把握客体的过程。"人间理解"的基本出发点是认识到任何人都具有最高的价值,都希望获得最好的生存与发展并且不受到伤害。"文化理解"是不同民族的世界观、价值观、思维、存在等方面的体现。"世界现实的理解"不仅要正确地理解本国的课题,还要正确地理解世界的课题。"相互理解""人间理解""文化理解""世界现实的理解"四个要素构成了国际理解的基本内容。"相互理解"是主体与客体之间相互理解的方法概念,它的对象包括"人间理解""文化理解""世界现实的理解"三个要素,它们都属于对象概念,相互联系。①

以大津和子、多田孝志为代表的日本学者,根据 2020 年《新学习指导纲要》将国际理解教育的学习内容划分为四个领域,并根据学生身心发展阶段特点提出了不同的学习内容。关于学习领域:国际理解教育的学习领域主要包括"多文化社会""全球社会""地球的课题""面向未来的选择"四个方面。各学段的具体内容:国际理解素养的养成并非一蹴而就,需要根据学生身心发展规律和特点,在基础教育不同阶段体现一定的系统性、阶段性。学习领域的架构:以综合性主题将各学习领域有机统整起来,是进行国际理解教育的主要特征,以"改变的是我们自己"为主题,将各学习领域统整起来。所谓国际理解教育,即通过教育,使人们可以了解不同的社会文化,增进理解,达到人们之间的相互尊重与合作,进而促进世界和平。这一过程中,语言是最重要的载体。有韩国学者认为外国语教育是国际理解教育的核心要素。目前,我国学者非常重视的外语CBI(Content Based Instruction)教学理念,某种程度上也体现了国际理解教育。我国在学习外语方面过度重视英语学习,对其他语种的学习稍有欠缺。韩国则重视外语教学中语言的多样性,并对相应的外语学习的激励制度进行了详细的探讨。

我国国际理解教育在课程设置上基于课程总目标,从"文化理解""国家认同""全球责任"3 个领域出发,构建起 14 个主题单元的课程框架,其核心内容包括"文化多样""本民族认同""国家中的家乡""世界中的国家""我与家乡、国家与世界的联系""尊重他人""人类互相依存""国际合作""环境""和平""发展"等主题。

五、新时代儿童国际理解教育路径论

新时代背景下,国际理解教育通过什么实现以及能达到什么效果,这是其

---

① 马应心,李龙.国际理解视角下韩国基础教育领域语言教学策略启示[J].中国教育学刊,2019(A01):120-122.

路径论存在的重要意义。

（一）提升教育者的综合素养

1.为小学教师发展提供国际舞台

教师是学生成长路上的引路人，是学生认识外部世界的窗口。教师的思想境界潜移默化地影响着学生的思想行为。学校为了培养儿童的国际视野，必须优化学校的教师队伍，培养小学教师的国际思维，提升小学教师的综合素养，具体可采取"引进来"和"走出去"相结合的方式。2021 年，我国已经全面建成小康社会，随着中国综合国力的提升，一部分外籍教师选择来中国寻找就业机会。小学可以选择德才兼备的外籍教师走进课堂，一方面，可以帮助小学生了解外国的历史文化，学习地道的外国语言，为国际理解教育创造平台；另一方面，外籍教师也可以与本校中国籍教师互通信息，开拓教师的国际思维。同时，学校可以选拔相关学科的优秀教师走出国门，通过出国访学深造、攻读学位等方式，鼓励中国小学教师走出国门了解体验异国文化，增强跨文化交流能力，提升国际视野，讲好中国故事，传播好中国声音，维护中国爱好和平与发展的大国形象。小学教师学成归来，可以将国外最新的国际教育理念分享给小学生，将最前沿的国际理解课程带入小学课堂，培养学生的国际思维，提升小学生的全球素养。

2.为小学教师发展拓宽路径

在国内经济发达的大城市，例如北京、上海、江苏等地，对小学国际理解教育的教学活动已经有相对完善的理论研究和课程体系支撑，教师和学生的重视程度较高，国际理解教育的认识较全面，这与当地政治经济发展较快有密切的联系。他们通过专家讲座、校本课程开发、专题研讨、课堂观摩、外籍学生座谈会等活动，多渠道全方位进行小学国际理解教育。我国国际理解教育存在区域发展不均衡、教师资源不对称的现状。为了解决这一问题，西部等发展国际理解教育有差距的地区应积极参与国内学术论坛等交流活动，积极地"走出去"，到先进的地区多走走、看看、学学，吸收国内先进地区关于国际理解教育的先进理念、先进课程研发方法。通过地区、学校、教师之间的交流，互通有无，促进教师间的团队帮扶，加强西部地区对国际理解教育的重视程度，共创国内国际理解教育的繁荣局面。

（二）利用国际理解教育的资源平台

1.共享国际组织资源

世界各国共同生活在一个"地球村",维护世界政治的长久和平稳定,需要每个国家坚守人类命运共同体的理念。小学是加强国际理解教育工作的主要阵地,是小学生进行国际理解教育活动的主要场所,因此更应有运用国际组织机构资源的意识,主动加强与联合国教科文组织、中国联合国教科文组织全国委员会、国家语委办、教育国际交流协会等组织的联系与合作,积极参加他们组织的各项项目,在项目中了解国际理解教育的前沿动态,把握国际形势。在文化交流活动中吸收国内外关于教育的先进思想,促进跨文化交际,宣扬中国文化自信,维护中国爱好和平的良好形象,这是中国安全发展战略的考虑,也是每个中华儿女的义务和责任担当。同时学习其他国家的先进文化,求同存异,促进文化融合。

2.开发多媒体资源

随着信息化时代的发展,人们通过多媒体手段浏览信息,共享知识。互联网平台为年轻人学习交流提供便捷的服务,可以不迈出家门就了解世界动态,利用多媒体平台进行的国际理解教育活动也随处可见。例如,在"学习强国"上有教育者分享关于国际理解教育的最新动态,可以供小学生观看学习;在抖音、快手等直播平台上学生通过直播有机会与外国人连麦交流,了解西方文化,传播中国故事;通过使用"未来智慧教室""空中课堂""翻转课堂"等新型的教学模式,打破原来教师教、学生学的传统教学模式,引导学生利用多媒体手段,激发学生学习的主动性,让更多优质的国际理解教育教学资源进入学生的课堂,拓宽学生的学习国际理解教育活动的渠道。

3.多渠道开展国际理解教育活动

根据本校的办学定位,结合本校可以提供的教学环境和师资力量,遵循儿童身心发展规律,制订符合儿童发展所需的国际理解教育校本课程,使校本课程成为国际理解教育的重要载体。儿童阶段对课程的学习关键在于感知和欣赏,根据这一发展特征,可以尝试开发符合儿童认知水平的课程,通过多种形式校本课程的研发,激发学生对国际理解教育的学习热情。第一,可以开设中西方文化对比的教育内容进入儿童国际理解教育校本课程。在课程内容中将中西方节日介绍、餐桌礼仪、礼貌用语等内容融入课堂和其他实践活动,通过课堂教学、主题班会等形式使学生了解中西方文化差异,加深对国际理解教育的理解。第二,可以开设关于中西方风土人情相关的校本课程。通过对中国和西方国家风土人情的介绍,通过角色扮演等课堂活动演绎中西方文化的差异,培养学生包容、开放、理解的心态,加强儿童在情感上对国际理解教育的认同感。第三,可以开设关于本地特色文化的课程。例如将重庆本地的棒棒文化、火锅文化等内容融入校本课程。通过此类校本课程的设置,使儿童积极接受中华优秀传统文化,传承本地优秀文化,增强民族认同感。

第三章　人类命运共同体视野下的新时代儿童国际理解教育

一、人类命运共同体理念研究概述

当今世界发展迅猛,全球各个领域都面临不同程度的挑战,世界正经历百年未有之大变局,传统安全和非传统安全威胁呈现叠加交织的新态势,国际关系和国际格局发生深刻复杂的新变革,全世界经受着前所未有的严峻考验,纷繁复杂的全球性挑战和矛盾日益增多,需要各国携手合作应对,世界日益成为休戚与共的命运共同体。近年来,人类社会在流行疾病、气候变化、移民问题、恐怖主义等非传统安全领域面临共同威胁。由于现代科学技术的高速发展和共同面临的难解之题,人类生活被紧密地联系在一起,整个人类社会逐渐发展成"你中有我、我中有你"的前所未有的命运共同体。在这样的时代语境之中,以习近平同志为主要代表的中国共产党人,基于对整个人类社会发展的认识和体悟,对马克思主义思想精髓的传承与创新,同时继承和发展中华传统优秀文化思想,提出了具备深厚应变力与创造力的"人类命运共同体"理念,为人类文明指明了前进方向。"建设一个什么样的世界、如何建设这个世界"是人类社会永恒的命题。2013 年 3 月,国家主席习近平在莫斯科国际关系学院发表演讲时首次向世界提出人类命运共同体理念。他指出,"这个世界,各国相互联系、相互依存的程度空前加深,人类生活在同一个地球村里,生活在历史和现实交汇的同一个时空里,越来越成为'你中有我、我中有你'的命运共同体"。近些年来,无论百年未有之大变局如何演进,世界之变、时代之变、历史之变如何演变,中国都始终坚定站在历史正确的一边、站在人类进步的一边,在构建人类命运共同体伟大理念的引领下,与世界各国携手努力,为维护世界和平、实现共同发展的进步事业不断做出新的贡献,构建人类命运共同体成为世界各国人民寻找前途命运所在的坚定信念。

(一)"人类命运共同体"的提出

人类命运共同体着眼于人类文明的共同发展,在新时代现实发展的背景下更显智慧的光辉,推动世界文明秩序,超越狭隘视角,对人类文明的发展进行高度理解,从而以命运共同体的角度来帮助全人类树立崭新的、整体的价值观、文化观和文明观。

1.提出过程

自2011年《中国的和平发展》白皮书中首次提出"你中有我,我中有你"的命运共同体的概念以来,我国对"人类命运共同体"的认识与实践随国家与时代的发展不断演进和深化。2012年党的十八大报告明确提出倡导"人类命运共同体",提出在追求本国利益时兼顾他国合理关切,增进全人类共同利益。2013年3月,在莫斯科国际关系学院,习近平总书记首次在国际场合提出"人类命运共同体"概念。2015年9月,习近平总书记在美国纽约联合国总部举行的第七十届联合国大会一般性辩论时再次强调:当今世界,各国相互依存、休戚与共。我们要继承和弘扬联合国宪章的宗旨和原则,构建以合作共赢为核心的新型国际关系,打造人类命运共同体。时至今日,"共同利益观""全球治理观""可持续发展观""国际权力观"作为"人类命运共同体"的价值基础,其价值意蕴在"人类命运共同体"理念的不断推进与实践中逐渐更新完善。

- 共同利益观

共同利益观是维系国际交往、促成国际合作、构建国际关系、形成国际秩序的关键因素和核心动力。[①] 2021年7月,国家主席习近平在中国共产党与世界政党领导人峰会上的主旨讲话中谈道:"人民渴望富足安康,渴望公平正义。大时代需要大格局,大格局呼唤大胸怀。从'本国优先'的角度看,世界是狭小拥挤的,时时都是'激烈竞争'。从命运与共的角度看,世界是宽广博大的,处处都有合作机遇。我们要倾听人民心声,顺应时代潮流,推动各国加强协调和合作,把本国人民利益同世界各国人民利益统一起来,朝着构建人类命运共同体的方向前行。"

---

① 梁周敏,姚巧华."人类命运共同体"与共同利益观[N].光明日报,2016-10-2(7).

- 全球治理观

国家主席习近平在博鳌亚洲论坛 2021 年年会开幕式上的视频主旨演讲指出:"全球治理应该符合变化了的世界政治经济格局,顺应和平发展合作共赢的历史趋势,满足应对全球性挑战的现实需要。我们应该秉持共商共建共享原则,坚持真正的多边主义,推动全球治理体系朝着更加公正合理的方向发展。要维护以联合国为核心的国际体系,维护以国际法为基础的国际秩序,维护以世界贸易组织为核心的多边贸易体制。"

- 可持续发展观

国家主席习近平在第二届联合国全球可持续交通大会开幕式上的主旨讲话:"坚持生态优先,实现绿色低碳。建立绿色低碳发展的经济体系,促进经济社会发展全面绿色转型,才是实现可持续发展的长久之策。""坚持多边主义,完善全球治理。当今世界,各国前途命运紧密相连,利益交融前所未有。要践行共商共建共享的全球治理观,集众智、汇众力,动员全球资源,应对全球挑战,促进全球发展。"

- 国际权力观

国家主席习近平在金砖国家领导人第十二次会晤上发表重要讲话:"我们要坚持多边主义,维护世界和平稳定。历史昭示我们,恪守多边主义,追求公平正义,战乱冲突可以避免;搞单边主义、强权政治,纷争对抗将愈演愈烈。如果无视规则和法治,继续大搞单边霸凌、'退群毁约',不仅违背世界人民普遍愿望,也是对各国正当权利和尊严的践踏。"

国家主席习近平在中华人民共和国恢复联合国合法席位 50 周年纪念会议上的讲话指出:"人类是一个整体,地球是一个家园。任何人、任何国家都无法独善其身。人类应该和衷共济、和合共生,朝着构建人类命运共同体方向不断迈进,共同创造更加美好的未来。推动构建人类命运共同体,不是以一种制度代替另一种制度,不是以一种文明代替另一种文明,而是不同社会制度、不同意识形态、不同历史文化、不同发展水平的国家在国际事务中利益共生、权利共享、责任共担,形成共建美好世界的最大公约数。"

回望十年间"人类命运共同体"概念的发展,我国始终走着创新发展、协调发展、绿色发展、开放发展、共享发展的道路,坚持提倡以"共同利益观""全球治理观""可持续发展观""国际权力观"为价值基础的"人类命运共同体"理念,坚守和平、发展、公平、正义、民主、自由的全人类共同价值，坚持以世界和平的建设者、全球发展的贡献者、国际秩序的维护者、公共产品的提供者的身份，推动构建新型国际关系，推动构建人类命运共同体，共同创造世界更加美好的未来。

正如完美闭幕的北京 2022 年冬奥会的口号"一起向未来"，不仅是对国际体育发展共建共享的呼吁，更是体现了中国努力推动构建人类命运共同体的价值追求。共商共建共享共赢，构建人类命运共同体，是拥有着五千年不间断源远流长文明史的中国对全人类发展和地球前途命运最响亮的回答。

2.构成范畴

人类只有一个地球，各国共处一个世界，与此同时，"人类命运共同体"这个以应对人类共同挑战为目的的全球价值观已逐步形成，并开始成为国际共识。"人类命运共同体"是一个现实，反映了在全球化的最新阶段展现出的日益相互依赖、休戚与共的人类利益格局。实践的检验让我们得知，人类命运共同体理念并不仅仅是一个僵化闭合的理念，而是内在的具备强大的创造力、创新力和发展力的科学理念。学界关于人类命运共同体基本内容的研究非常之广泛，有从区域角度进行研究，从全球、地区、国家三个层次来研究人类命运共同体内涵构成范畴；从国际秩序角度进行研究，从安全观、发展观、合作观、文明观、生态观五个角度出发；从伦理内涵角度进行研究，从爱众亲仁、生生不息与太平和合进行分析；也有从人类观、价值观、利益观、合作观的维度进行分析。关于人类命运共同理念面临的问题还将继续浮现，并且会随世界发展历史的前进而渐渐成熟。目前，学界较为主流的是从经济、政治、文化、安全和生态五个方面出发，分析论证习近平总书记关于人类命运共同体的构成范畴。人类命运共同体总体中的经济共同体、政治共同体、文化共同体、安全共同体和生态共同体五个范畴具有内在共同的方向和联系。

经济共同体是人类命运共同体发展的核心动力。在社会大生产和经济全球化的高速发展之下，全球各个国家的生产力和物质都得到了极大的丰富，但也产生了许多问题，比如世界经济增长乏力、逆经济全球化、贸易保护主义抬头、国际贸易双向投资市场低迷等问题。为推动经济全球化向开放、包容、普惠、平衡、共赢方向发展，真正实现全人类的共同繁荣，在此目标确立之下，就需要世界各国共创互惠互利、繁荣创新的全球经济体，这是人类命运共同体思想实践的基础路径，以全球共同的经济发展，经济合作获得更好的动力和资源，以此存续人类命运与共的前途发展以及追求美好生活的共同愿望。

政治共同体是人类命运共同体发展的坚实基础。构建和平的世界,做到相互尊重,推进民主平等协商,最终实现共赢,其关键在于建立政治共同体。共建政治共同体需要摒弃冷战思维,走对话而不是对抗的国际交往道路,政治上各个国家主权平等、机会平等、规则平等,以合作的方式手段进行对话,达成政治共识,结成共同体,世界的前途命运由各个国家共同掌握,国际规则由各个国家共同书写,通过树立命运与共的意识,消弭冲突与对抗,建立和平稳定又共同发展的国际关系,为人类命运发展和世界长治久安提供稳定的政治环境。

文化共同体是人类命运共同体发展的精神纽带和发展趋势。不同文明的交流借鉴,兼容发展,不同肤色种族,不同国籍民族,不同文化信仰,不同区域文明的融合是当代社会发展向前的现实。从价值追求来看,做全人类共同价值的倡导者,以宽广胸怀理解不同文化、文明的内涵,不将自己的价值观和模式强加于人,不搞意识形态对抗。为世界各国在价值观和意识形态领域超越差异分歧、实现文化、文明交流互鉴提供了思想支撑。尊重文化的多样性,加强文化交流,以"共存"超越"替代",以理解包容摒除文明优越的单一思维,实现全球文化兼容并包的景象,方能更好地提升经济、社会、安全与生态的建设发展,真正实现文明包容共存、交流互鉴,努力开创世界各国人文交流、文化交融、民心相通新局面。

安全共同体是人类命运共同体发展的重要保障。在面临传统安全和非传统安全问题交织的世界,构建普遍安全、综合、合作、可持续发展的安全共同体是全球性的重要问题。安全与共是人类命运共同体实现的具体保障和其他共同体发展的核心。历史和实践证明,国家的安全维护不是单单一个国家的责任和问题,需要构建共同体共建共治共享。世界各国命运与共,前途相连,需要坚定维护并践行真正的多边主义,推动持久和平、共同发展的安全共同体,明确世界各国求和平、谋稳定的普遍愿望,为人类命运共同体的构建提供健康安全的发展环境。

生态共同体是人类命运共同体发展的必要条件。人类文明兴衰与生态环境好坏息息相关,人类交往的世界性持续推进,使得世界各国的空间联动性越发凸显,人类生活的地球日益成为时空高度压缩的"村庄",各国人民则成了地球村的"村民",彼此共享同一个生存空间,面对共同的环境问题,人与自然的关系也成为人类文明长期发展必须处理的基本关系。人类向往清洁美丽的世界，这就要求人与自然和谐共处，正确处理国家与国家之间经济发展与生态环境问题，共同应对全球性环境问题，真正做到同呼吸共命运，以生态共同体为切入点发展人类命运共同体，实现可持续绿色发展的人类共同美好愿景。

（二）生成基础

在《世界秩序》序言中，美国前国务卿基辛格曾经感叹，在每一个时代，政治家们都尝试着寻求和平，然而"和平总是地区性秩序，从未建立在全球基础上"。当今世界正经历百年未有之大变局，和平的概念不再局限于消除战争和冲突，思考世界前途命运和各国发展方向成了一个难题。习近平总书记提出的人类命运共同体理念，对全球现代共性问题进行总结，对全球共同危机进行反思，为全人类发展道路提供一种现代的、适宜的、舒适的、示范性的选择，科学地回答了建设一个什么样的世界和如何建设的问题。

1.物质基础

在马克思主义的理论视野中，民族史向世界史的转变是一个可以通过经验证明的不争事实。马克思指出："历史向世界历史的转变，不是'自我意识'世界精神或者某个形而上学幽灵的某种纯粹的抽象行动。而是完全物质的、可以通过经验证明的行动，每一个过着实际生活的、需要吃、喝、穿的个人都可以证明这种行动。"[①]现实人的存在必须以物质资料的生产实践为根本前提，而这种生产实践活动要依赖人与人之间的交往关系才能展开。脱离了群体，单个的、孤立的个人难以进行有效的生产，这就决定了人们必须共同生产和生活。在不断的生产过程中，劳动者不断积累劳动资料，提高劳动技能，不断地改进生产工具，随着生产工具的变革，生产力就会发展到一个新的水平。生产力的不断发展，必然要求人才、技术、服务、资本、设备、管理经验等生产要素跨越国界、地区自由流动，社会生产突破了国家界限，世界各国、各地区的经济活动联系更加紧密，促进了经济全球化的发展。经济全球化打开了各国的市场，增加了国与国之间的经济联系，推动了世界性大生产的发展，国与国之间便处于相互依存和相互渗透的状态中，各民族、各个国家以往自然形成的闭关自守的状态被普遍

---

① 马克思,恩格斯.马克思恩格斯选集(第 1 卷)［M］.中共中央马克思恩格斯列宁斯大林著作编译局,译.北京:人民出版社,2012:169.

交往取代,各国人民形成了你中有我、我中有你的命运共同体。唯物史观指出,社会存在决定社会意识,社会意识是社会物质生活过程及其条件的主观反映。身处于突破民族和地域界限的命运共同体中,人类的价值关切、利益关切也应具有世界性,形成超越民族国家和意识形态的"全球观",即人类命运共同体理念,强调当今世界各国相互依存、休戚与共,要求世界各国包容互鉴、互惠共荣。

2.历史基础

马克思、恩格斯说:"各民族的原始封闭状态由于日益完善的生产方式、交往以及因交往而自然形成的不同民族之间的分工消灭得越是彻底,历史也就成为了世界历史。"①人类文明发展现实表明,整个人类发展史必将汇聚成为世界历史,各国的历史河流最终流向世界史的汪洋大海。人类命运共同体的提出也正是看到了这一历史基础,一个民族、一个国家要保持自身的独立和强大,需要站在全人类的整体文明繁荣高度上,从把握世界历史的发展来分析、应对、处理全球性危机和问题,全人类的发展已经进入了世界历史的阶段。人类史中先后出现过部落、民族、国家等共同体的形态,国家作为共同体最主要的形态,也经历过城邦国家、民族国家、文明国家到全球化国家的转变,在经济发展和社会化分工之下,人类开始从局部的共同体发展至全球性的共同体,一种崭新的人类社会关系建立,产生全球性的人类社会关系,这使得人类历史逐步走向进步和开放,全人类发展超越地区、民族、国家的范畴。我们需要在世界历史的宏大背景中认识人类命运共同体的构建问题。人类既然已经进入世界历史阶段,就需要站在世界历史发展的高度认识人类自身的生存和发展问题。

3.时代基础

当今世界正经历着百年未有之大变局,马克思曾经说:"问题就是公开的、无畏的、左右一切个人的时代声音。问题就是时代的口号,是它表现自己精神状态的最实际的呼声。"②时代在变,国际关系在变、国际规则在变、国家内部也在变,大变革下我们都是历史的亲历者和时代的见证者。"就人类命运共同体而言,既不是一种自在的自然共同体,也不是理想的自由人联合的共同体,而是

---

① 马克思,恩格斯.马克思恩格斯选集(第1卷)[M].中共中央马克思恩格斯列宁斯大林著作编译局,译.北京:人民出版社,2012:168.
② 马克思,恩格斯.马克思恩格斯全集(第40卷)[M].中共中央马克思恩格斯列宁斯大林著作编译局,译.北京:人民出版社,1982:289-290.

对存在危机进行反思的命运共同体,也是观照生死存亡底线的共同体。"那么何为存在危机呢? 时代变化带来的生存危机可分为生态危机、社会危机。18 世纪60 年代第一次工业革命之后,人类文明发展进入了快车道,短短 200 多年的时间就取得了巨大的发展成就,但创造的文明并不如预想般美好,环境污染愈加严重、温室效应、臭氧空洞、冰川融化、极端气候已经成为人类亟须解决的生态问题,生态失衡已经严重威胁人类的生存。社会危机不断,国家关系发生变化,国际关系从原来的经济全球化相互依存到"部分脱钩""脱钩""规锁"敌对,全球化出现了逆转。社会属性是人的本质属性,社会危机不断倒逼人类寻找新的合作关系。

(三)理论渊源

1.马克思主义共同体思想的发展

马克思、恩格斯未对"共同体"做出明确的理论定义,但马恩著作中散见对"共同体"的描述,传承于马恩思想的精神源头——德国古典哲学,起见于康德对于人类命运的思考提出公民法、黑格尔关于人类历史走向世界历史提出的伦理共同体、费尔巴哈关于"类"的哲学概念。马克思恩格斯著作《〈黑格尔法哲学批判〉导言》《共产党宣言》《论犹太人问题》《德意志意识形态》《1844 年经济学哲学手稿》中都对"共同体"思想有所提及和思考。在马克思恩格斯的科学理念中,"共同体"按自然的共同体(以人的依赖为基础)——虚幻的共同体(以物的依赖为基础)——真正的共同体(以人的自由全面发展为基础)的发展过程进行演变,为人类命运共同体理念提供了理论条件支撑。列宁继承发展了马克思恩格斯的"共同体"思想,提出了"两制"关系和"世界苏维埃共和国"的构想。中国共产党历代领导人在马克思、恩格斯思想的基础上积极探索,毛泽东提出了"三个世界划分"在国际关系中一贯执行的和平共处的外交政策,邓小平提出的"一国两制"构想,江泽民提出了"国际秩序"理论,胡锦涛提出了"和谐世界"理论,习近平提出了"人类命运共同体"理念,总体来说是继承和创新发展了已有的中西思想的有益论述,同时也是告别近代,走出西方理念,对马克思主义中国化探索的最新成果。

2.继承发展中华传统优秀文化思想

中国传统文化中,老子有"以天下观天下"的思维,孟子有"天时不如地利,地利不如人和"的观点,中国传统占统治地位的儒家思想将"和"作为国人处理修身、齐家、治国、平天下等问题的最高原则。"优秀传统文化书籍作为古今中外精华的传世之作,思考和表达了人类生存与发展的根本问题,其智慧光芒穿透历史,思想价值跨越时空,历久弥新,成为人类共有的精神财富。接受优秀传统文化熏陶,可以提高人文素养,增强对人与人、人与社会、人与自然关系的认识和把握能力,正确处理义与利、己与他、权与民、物质享受与精神享受等重要关系。"①中华优秀传统文化中"协和万邦""天下为公""亲仁兼爱""和而不同""天人合一"的思想,都反映出中华民族追求持久和平,维护世界稳定,建立普遍安全、文明互信、清洁美丽世界的历史文化传承和朴素愿望。中华优秀传统文化凝结着中华文明的智慧,是中华民族发展源源不断的精神支撑,同时在各国冲突不断的今天也能为世界各国共存共处、和谐对话、包容并存提供理念和精神指导。人类命运共同体的提出并不是机械地继承中国优秀传统文化,而是精准把握时代,站在历史的高度,结合人类的发展,掌握国内国外发展形势进行的创造性转换和创新性发展。人类命运共同体理念在充分吸收中华优秀传统文化的基础上与现实对话,一方面成功指导新时代中国特色社会主义建设,另一方面对未来全球多元现代性秩序的确立和统一提供新思路、新方案。

二、人类命运共同体核心思想与儿童国际理解教育的相关性分析

人类命运共同体理念与儿童国际理解教育有着天然的内在联系,在人类命运共同体这一理念的核心思想中,"国际权力观"强调各国在国际事务中应该平等对待、相互尊重,避免使用武力或强制手段;"全球治理观"强调应该共同建立和完善国际治理体系,通过多边合作和协商解决全球性问题和挑战;"可持续发展观"强调应该实现经济、社会和环境的可持续发展;"共同利益观"强调各国应该通过合作实现共同利益。这些核心价值理念是人类命运共同体建设的重要支撑,有助于促进全球合作、共赢、繁荣和和平。人类命运共同体理念的核心思想,强调人类之间的相互依存性和互惠互利的关系,强调了全球化时代的人类命运共同体意识。

国际理解教育自产生之日起,从根本上就是一种旨在消除国际问题和全球

---

① 习近平.领导干部爱读书读好书善读书[N].人民日报,2009-05-13.

问题(战争、民族、冲突等)的教育,皆始于人心的信念。要在孩子们心中筑起理解、合作等观念必须有赖于教育。要帮助儿童认识和理解不同文化和国家之间的联系,帮助儿童培养跨文化交流和合作能力、提高语言沟通能力、增强全球意识、培养国际合作精神的教育科学。同时,"理解人类命运共同体的内涵与价值"作为《中国学生发展核心素养》中"国际理解"板块的要求,其与国际理解教育的关系随时代更迭不断被发掘与创新。"培养全球意识、培养跨文化交流能力、培养多元思维、培养责任感和创造力"成为儿童国际理解教育的主旨内涵,其与"人类命运共同体"的社会主义核心价值观紧密联系、相互映照。

人类命运共同体的思想理念与儿童国际理解教育之间有着密切的关联,儿童国际理解教育是实现人类命运共同体理念的必要途径之一,从儿童时期的教育伊始,才能更好地培养出具有全球视野、有国际文化素养、具备跨文化交流能力的未来人才,他们也将成为未来推动人类命运共同体发展的重要力量。

1.国际权力观

国际权力观和儿童国际理解教育之间存在着重要的联系和互动关系。国际权力观强调国家、政府、国际组织等具有权力的实体在全球事务中发挥着重要的作用,同时也突出了国际制度和国际秩序在国际事务中的地位和作用。儿童国际理解教育则是可以通过教育,让儿童在认知和情感层面上理解世界各地的人民和文化,获得国际理解知识,具备跨文化交流和合作的能力,提升国际理解能力,从而促进全球文化交流和和平发展。

随着经济全球化深入发展,国家之间处于一种相互依存的状态,各国权力更迭与流动不再是"战争导向""唯尊强权",更需要在国际形势和国际发展的视角下不断调整与分配,通过国际体系和机制来维持、规范相互依存的关系,从而维护共同利益。国际权利观的价值基点是全球主义和多边主义,它要求剥离各国意识形态间的藩篱,以合作和共赢取代各国间的争端与冲突,摒弃制度差异带来的偏见,以人类中心论、世界整体论取代国家中心论,达成政治上的互商互谅、合作中的共商共治。儿童国际理解教育中的"国际"指向包含了对国际形势及各国文化制度的理解与认知,儿童在教育中要从全球形势下观照国际事务及各国关系,破除国家及地区的区域性束缚,深刻认识到现代世界的基本特质——文化多样性和相互依存性,进而对他国文化及制度理解与包容,明辨不同国家制度及实力差异,不断进行合理让渡,保证应对国际事务时国际权力充足,实现群策群力以和平理智的方式解决全球性问题。

在国际权力观的框架下,儿童国际理解教育可以被理解为一种促进全球文化交流与和平发展的手段,它有助于减少文化差异和文化冲突,同时也有益于加强国际合作和互信。在国际事务中,国际组织和政府可以通过支持和促进儿童国际理解教育的发展来推动全球文化交流和和平发展。大量国际组织为儿童国际理解教育提供资金支持和政策引导,国家政府通过国际教育交流计划和开放办学等方式来推动儿童国际理解教育的发展。另外,儿童国际理解教育也为国际组织和政府提供有益的支持与合作,积极培养未来的国际合作伙伴和领袖。通过儿童国际理解教育,孩子们可以学习跨文化交流和合作的技能,形成全球化的思维方式和正确的价值观。这些能力和思维方式可以为未来的国际合作和全球治理提供有益的支持和帮助。

2.全球治理观

全球治理观和儿童国际理解教育之间存在着紧密的联系。全球治理观的推动和实践能为儿童国际理解教育提供更好的发展条件和机会。全球治理机制使得不同国家和文化之间的交流更加频繁和便捷,能够为儿童国际理解教育提供更多的资源和平台。儿童国际理解教育的推广和实践也能为全球治理观的实现提供有力的支持,通过加强儿童的国际意识和文化意识,可以培养出更多具有全球视野和跨文化交流能力的人才,为全球治理提供更多的智力和人力资源,以及更好的社会基础和支持。

全球治理观是在全球范围内协调和管理各种全球问题的一种观念和实践,其根本性质是共商共建共享,并立足于全球共参与、全球共发展、全球共治理的高度参与国际治理事务,解决全球问题的"全球机制",能使国际交流更加安全和有序,为儿童国际理解教育提供了更好的保障;儿童国际理解教育是指通过对儿童的教育和学习,促进儿童对全球多种文化、各个国家和不同地区的充分理解和现实理性的尊重。二者有着共同性质的目标,如全球治理观旨在通过国际合作和全球治理机制来解决气候变化、贸易、人权等全球问题,儿童国际理解教育则旨在培养儿童的国际意识和文化意识,让儿童更好地理解和尊重不同国家和文化的差异,二者目标是相辅相成的。通过加强儿童的国际理解教育,可以增加人们对全球问题的深入认识和理解,最终从教育的角度为全球治理提供更多的支持和帮助。

3.可持续发展观

可持续发展观与儿童国际理解教育共同关注着人类的未来。从环境教育层面来看,可持续发展观鼓励人类保护环境,避免浪费资源。儿童国际理解教育也鼓励儿童尊重不同文化背景和环境,了解其他国家的环境和资源状况,并探讨如何保护我们的地球。要让儿童了解可持续发展的重要性,培养儿童学会思考在生态危机四起的现代社会中,人与自然、人与人应通过什么样的途径才能达到可持续发展,从而成为"自然中的一员",在未来应该如何对环境做出积极贡献,正确地理解人与自然和谐共生的关系,正确地参与到地区、国家、国际的可持续发展建设事业中。

同时要注意到的是,可持续发展观关注的不仅仅是环境保护,还包括社会的公正和平与经济的可持续发展。儿童国际理解教育教授儿童以平等的心态尊重世界多元的文化发展,不歧视任何种族、性别和宗教信仰,帮助儿童理解不同的观点和文化,从成长阶段开始,帮助儿童了解全球问题和挑战,鼓励教育儿童要为可持续发展和全球和平做出积极贡献,以共同促进全球和平与发展为己任。正如习近平总书记强调:大家一起发展才是真发展,可持续发展才是好发展。我们要秉持创新、协调、绿色、开放、共享的新发展理念,拓展务实合作空间,助力经济复苏、民生改善。

4.共同利益观

共同利益观强调了个人与他人、社会的互相依存和互相影响关系。儿童国际理解教育强调培养儿童对不同文化、价值观和世界观的理解和尊重,从而提高他们的跨文化沟通能力和全球意识。共同利益观认为,每个人都应该成为全球公民,既关注全球问题、尊重他人和其他文化,同时也为整个社会和世界做出贡献,共同解决全球性问题,如气候变化、贫困、公共卫生等。儿童国际理解教育旨在帮助儿童成为具有全球意识和跨文化沟通能力的全球公民,让儿童在未来的职业生涯中更好地适应全球化的世界,同时通过培养儿童对其他国家和文化的理解与尊重,帮助人类更好地理解全球性问题,并与各国人民共同合作解决这些问题。

人类社会天然是一个利益共同体,国家是利益协调的产物,每一个国家都把国家利益作为最高原则,并在国际交往中追求其最大化。随着自然共同体的解体,个人利益与共同利益之间出现了裂隙,当国家都以个体利益最大化为第一目标时,国际社会就可能会出现争端冲突甚至战争。儿童国际理解教育遵从"异己共生"的理念,以国家认同感为基础,认可他国的制度需求和利益追求,进而超越国家主义并以国际合作的视野来寻求各国利益合作的契合点和最大公约数,目的是培养儿童建立对"共同利益链""利他则利己"理念的正确认知与理解,最终成为互利互惠、合作共赢的国际关系中的志士仁人。

共同利益观是人类命运共同体构建的基础,建设人类命运共同体必须写好"共同利益"的篇章,厚植利益因子,形成共同意愿,达成合作共识,齐心协力同行,实现互惠共赢。部分资本主义国家凭借其在经济全球化中的优势地位,掠夺全球资源,片面地追求个性、过度膨胀自我利益而将他国视为客体、征服和攫取的对象,导致各国冲突不断、纷争四起,环境资源枯竭、生态破坏等问题。共同利益观的核心价值追求就是构建国际社会共同利益链,为"地球村"创造全方位发展机会。因此要求部分国家舍弃"唯我独尊""利己害人"的思想,将国家个体置于国际社会中,并以国际合作的"大心脏""大胸怀"来寻求与他国合作的共生共存共赢。

当然教育不能解决社会的一切矛盾,但教育工作者应该树立一个共同的信念:教育下一代能够尊重生命、尊重和平、为人类命运前途发展担当是不可推卸的责任。人类社会几万年的发展使我们有了共同的经验——在面对人类重大危机时必须基于我们共属的全球之一员、国家之一员、社会之一员、自然之一员的身份精诚合作,共同应对,理智地对待各种矛盾,理解宽容,对未来发展担负责任,提高儿童的责任使命。

三、"人类命运共同体"理念对新时代儿童国际理解教育发展的借鉴与启示

百年未有之大变局下,世界充满不确定性,各国有合作有冲突,如何化解冲突实现对话合作? 在人类命运共同体理念的指引下,儿童国际理解教育可被视为化解冲突、实现合作的教育途径,以一个寄托人类共同信念的教育理念,用中国智慧、中国教育来拥抱教育全球化的有力佐证,同时是承担维护世界和平秩序,向经济共同体、政治共同体、文化共同体、安全共同体、生态共同体合力发展的教育理念,担负起增进理解、化解冲突、避免战争的历史使命。

要实现以合作共赢、共建共享为基础的全球发展理念,教育下一代能够尊

重生命、尊重和平，为人类可持续发展承担责任，关键还是在对儿童的教育。国家的未来、世界的未来在新时代儿童的身上，在重视人才教育培养上更要从儿童抓起。近年来18岁以下儿童犯罪率居高不下，折射出失落的个人或群体得不到理解和缺乏表达的现象，沉淀出较为深刻的社会问题，也揭示了单纯的知识灌输具有先天的缺陷，关注儿童文化心灵、理解表达的教育也应该重视起来，要通过教育让儿童内心的生命力被唤醒，产生渴望交流和努力的动力，树立远大的理想、志向和抱负，培养儿童的家国情怀、世界担当。儿童国际理解教育的兴起和发展，也理应被视为对儿童心灵的表达、理解和为实现世界和平与发展愿景在教育领域做出的勇敢探索。培养能够尊重生命、珍惜和平，且拥有全人类共同价值，为人类未来可持续发展承担责任的下一代，了解文明的差异，关注人类命运的未来，了解自己和他人是儿童国际理解教育的当代使命。让儿童以人类命运共同体的视角，理智对待各种矛盾，重视理解和宽容，尊重生命、珍惜和平，是国际理解教育要解决的重要问题。

（一）人类命运共同体理念丰富了儿童国际理解教育理念基础

国际理解教育本就是一个"富有根基的"教育理念，"人类命运共同体"理念更加丰富了儿童国际理解教育的价值，以全人类的共同命运为观照，倡导追求超越民族国家、全世界人类普遍接受的共同利益和共同价值，关注儿童能力和心灵发展，帮助其形成优秀的精神品质，在增进文化理解的基础上做出实践和反思，化解冲突、增强合作，将维护世界和平的美好种子培植在儿童国际理解教育之中使其生根发芽。

1. 和平与发展：深化儿童对"异己"的认知

《后汉书》中有关于"异己"的记载，现代汉语中关于"异己"的概念是指：志趣、见解与己不同，以至敌对，亦指与己见不同或敌对的人。但在复杂的现实世界和社会中却不可简单地将其归纳为"敌人"。在全球化的发展下，儿童国际理解教育倡导下，儿童将愈发频密地与"异质性他者"共享生活空间和资源，拥有不同文化背景的人在共存常态下文化的差异和价值的对立将产生隔阂与冲突，寻找与"异质性他者"互利共赢是儿童国际理解教育所追求的目标，这符合马克思、恩格斯关于"共同体"思想探索的发展，也凝结着中华传统文明"协和万邦""天下为公""亲仁兼爱""和而不同"的闪耀智慧。

在人类命运共同体埋念下儿童国际理解教育为儿童打开一扇眺望世界的

窗,以开放的心灵正确理解世界,关注与"异质性他者"共享的生活空间和资源。世界经历过两次世界大战,战后局部争端持续不断,全人类深受其苦,和平和发展的希望就此深入人心,进而不断对"异己"的态度进行反思。儿童国际理解教育在此基础上,以理解作为根治无知的良方和心灵平静的源泉,以提升儿童对"异己"的真正理解,传播和平与发展的种子,在培育儿童心灵的美好土壤中开出平和、善良、正直的花朵。

儿童对理解的认识是与生俱来的也是不断发展的。从认知学角度看,12至18个月大的婴幼儿一旦具备一定的社会认知与文化学习能力,就能进行基本的理解活动,并且能够通过模仿与触碰来理解自我与他人。① 儿童国际理解教育理应提升儿童在成长中的社会交往能力,教导儿童国际理解知识,提升国际理解能力,培养国际理解教育态度,让儿童心理意识、能力、价值判断在国际理解过程中充满认知的张力。

在社会交往中理解的对象应是"自我"与"他者"的文化精神,很多地区的儿童在学龄前,例如幼儿园阶段,就已经开始了基础性国际理解教育的铺垫,例如让儿童了解其他民族和国家的文化,向他们展示生动可爱的地图以及不同民族和国家不同种类的服饰、不同的饮食特征、不同的生活习性,让儿童了解不同文化,认知不同的文化,逐渐让儿童在理解意识形成之时就拥有国际视野,感知到人类共同生活的地球上还有很多不同的文明存在,了解自己也了解他人,增强对"异己"的理解。"异己"的认知在人类命运共同体理念之下是不断发展变化的,在国际理解教育的视野之中是要不断反思和融合的。曾经有一个真实的案例,在第二次世界大战期间,英国和德国焦灼交战之时,两架战斗机在高寒地区坠机,一个英国飞行员和一个德国飞行员同时迫降到瑞典荒原上,天寒地冻双方虽已失去战斗力但仍充满警惕,准备博弈时刻杀死"异己"。很快双方发现这块荒原上只有他们两个人,于是在事端发展的过程中很快选择"共生"。双方放下枪,模糊掉政治和文化冲突的滤镜,很快形成了互相的理解,他们发现,德国士兵是个爱唱歌的小伙子、英国士兵是个会画画的大男孩。战争结束后的30年,两人终于取得联系,并且成为此生挚友。这种"异己"之间消除偏见、携手进退的真人真事不胜枚举,同时也为儿童国际理解教育增添多种类型的教育

---

① 迈克尔·托马塞洛.人类认知的文化起源[M].张敦敏,译.北京:中国社会科学出版社,2011:57-59.

素材。

在人类漫长历史演进过程中,关注儿童国际理解教育的发展,让儿童在历史中、故事中、现实中理解何为"异己",培养与"异己"共生的能力,尝试和"异己"对话,增加国际理解教育知识,提升国际理解教育能力,培育国际理解教育态度,是对人类命运共同体理念发展的有益探寻。

2.合作与共赢:加强儿童对"共生"的理解

2011 年我国首次提出命运共同体的概念,人类已经成为"你中有我,我中有你"的命运共同体,合作、共享、共赢逐渐得到世界的认同。2016 年教育部颁布《中国学生发展核心素养》,其中规定核心素养应"具有全球意识和开放心态,了解人类文明进程和世界发展动态;能尊重世界多元文化的多样性和差异性,积极参与跨文化交流;关注人类面临的全球性挑战,理解人类命运共同体的内涵与价值等"。我国对儿童和学生的教育从课堂师生、生生之间的和谐关系的简单构建,推进到对区域、社会、国家之间的和谐共生的深刻理解,逐渐关注到人类和谐共生更广大的一面。

"共生"在生物学意义上是生物之间的互利关系,是进化过程中出现的适应现象。在人类命运共同体理念下是经济、政治、文化、安全、生态的和谐共生,在国际理解教育中的"共生",则可以理解为"培育全球化时代共生之人"。这个培养目标,从全球、国家、地区、自然四个维度思考"共生",以全球之一员、国家之一员、地区之一员、自然之一员的身份来探索如何共同生存、共同生活。人类命运共同体理念下,儿童国际理解教育应更注重儿童对"共生"的认识,让儿童认识到"共生"是全人类在"你打败我"和"我杀死你"之间的第三种选择,也是最优化的选择,是一种对共同利益和共同前途命运选择的结果。

构建人类命运共同体,超越零和博弈,实现世界和平,解决人类共同面临的问题是国际理解教育的宗旨。儿童国际理解教育对"共生"的认识在儿童成长的可塑期,对其思想、性格、智力、价值判断等给予较强的引导与暗示,让儿童认识到"共生"的重要性,在国际理解教育之下让儿童的情感变得更加丰富,认知变得更加健全,能力得到更多提升。一次小学课堂中提出假设性问题,"如果一个苹果两个人分,大家该怎么分呢?"其中不乏有儿童发扬孔融让梨的精神愿意让出自己吃苹果的权利,但也有孩子努力争取想凭借自己的各种优势成为独享苹果的人,这个问题隐含着儿童们对权力观、利益观、治理观以及发展观的种种认识和判断,其中一个 8 岁的小女孩的回答让人非常惊喜,她说她愿意把苹果埋进泥土里,等待苹果树的成长,来年一定会让每个小朋友都有一个苹果,小女孩的选择恰证明了儿童国际理解教育的引导理念,我们希望儿童对共同利益有更深刻、更创新、更多彩的认识,认识到"共生"并不是仅仅来自一方的妥协和"你有我就无"的零和博弈,而是对未来发展的共同利益。国际理解教育加强儿童对"共生"的认识,能够让儿童的心灵变得更加柔软、温暖和明亮,同时也可提高儿童对现实的核心判断能力。

总而言之,"异己"和"共生"不是简单通过理解异质文化和价值观达到接纳和内化的目的,而是需要承认在理解的有限性基础上的探索创新合作、共生的模式,即理解差异的不可调和性和共生的必然性,从历史发展的高度来认识人类自身的生存和发展,以人的本质属性——社会性来探索共同体的发展,培育儿童的国际权力观、全球治理观、可持续发展观、共同利益观,让儿童在未来现实生活中具有"合作与共赢"共生的实践能力。

3.责任与担当:强化儿童的"成员"意识

育"有根中国人"是不变的方向,培"世界眼光的幼儿"亦是时代潮流。儿童国际理解教育培养的是能够站在人类命运共同体的视域下,以正确的世界观、价值观审视各国文化差异,以包容的心态、融合的视角、发展的理念来看待国际冲突的问题,并成为为人类可持续发展主动担当的新时代好儿童。

人类命运共同体理念以"责任与担当"的意识同步构建儿童与地区、与自然、与国家、与全球社会的责任链接,进一步强化儿童国际理解教育中儿童作为以上"四个成员"意识的责任与担当。习近平总书记在第七十五届联合国大会一般性辩论上强调要树立命运共同体意识和合作共赢理念,特别指出:"大国更应该有大的样子,要提供更多全球公共产品,承担大国责任,展现大国担当。"无论是建设与发展"一带一路",还是国际维和、抗击疫情等对国际保护责任的履行,都彰显了中国的大国责任与担当,也证实着中国对构建"人类命运共同体"的不懈奋斗。

"责任与担当"在全球化深化的背景下,成为多边主义与互利共赢的国际关系中的重要意识。"同舟共济"的各国利益内涵在不断扩大,各国发展理念逐渐从本国本地利益主导的态势转变为"联盟"和周边地区利益共建。正如第六十届联合国大会把预防和阻止四类犯罪(灭绝种族、战争罪、族裔清洗和危害人类罪)的发生,从单一的国家层面拓展到了国家和国际两个层面:保护责任首先在于各国政府,但当一国当局不能或不愿保护本国人民时,保护责任则落到国际社会肩上。国际社会利用外交、人道和其他和平方法,帮助保护人民免遭四种严重罪行的侵害;若和平手段不足以解决问题,则安理会就可能根据《联合国宪章》采取行动,包括必要时采取军事行动。因此,基于国际治理体系和自身发展特长,任何一个国家的权利和义务都处于从"本身"到"周边"再到"国际社会"的扩大过程中,任何一个人既是从属国家的一员,又是国际社会和自然的组成部分之一。因此,人类对国家的认同也从"尽好责任"上升到"国际担当"的判断中,这一"成员"意识的培养也成为教育中亟待解决的命题。新时代背景下的儿童国际理解教育,对"成员"意识的基础育成是从成为"国家"中的一员出发——在复杂的国际国内形势中形成鲜明的国家认同感和国民意识。同时,更强调儿童要以"成员"意识深入到地区、自然、全球社会中,在教育中认识并理解所在地区、国家与世界的广泛联系,形成"全球视野"的胸怀和责任感以及"立足脚下、放眼世界"的胸襟和态度,并以"全球中的一员"的身份投身于人类命运共同体的建设中,反哺"人类命运共同体"理念和意识在世界范围内的有机生长。

(二)人类命运共同体理念推动了儿童国际理解教育培养目标的达成

习近平总书记指出:"和平、发展、公平、正义、民主和自由是全人类的共同价值。""全人类的共同价值"观念作为理论根基,结合"四观"价值基础共同构成了人类命运共同体的理论体系。基于此,教育部等八部门发布了《关于加快和扩大新时代教育对外开放的意见》,教育部国际司负责人指出:"加快和扩大新时代教育对外开放,是教育发展的需要,是国家建设的需要,是新时代发展的需要,既迫在眉睫,又恰逢其时。中国始终高举合作共赢旗帜,致力于深化拓展与世界各国在教育领域的互利合作和交流互鉴,为推动构建人类命运共同体贡献力量。"

在教育对外开放链条中,国际理解教育可成为其基础构成,担负培养具有国际理解和跨文化交流能力的对外开放人才的重任。而儿童国际理解教育正是从基础教育阶段出发,以培养拥有人类命运共同体意识的"儿童"为根本,厚植家国情怀和和谐共生的理念,逐渐育成具有国际理解和跨文化交流能力的对外开放人才。因此,人类命运共同体的理论体系可契合儿童国际理解教育的教育宗旨,为其开展与实施提供了更坚实的理论支撑,为其培养目标的落实提供了更准确的导向。

1.以"人类"意识厚植家国情怀,构建国际视野

人的本质不是单个人所固有的抽象物,而是一切社会关系的总和。马克思认为"现实的个人"是有生命的、处于交往关系中的、处在社会关系的动态构建中的、推动着历史发展的人。威廉·詹姆斯的小说中曾经描绘过一位贵族妇人在剧院里看剧,她为剧作中人物的悲惨命运啜泣不已,但她忽视她的马夫在戏院外面冻得快要死去。在儿童国际理解教育中教育者要做到让儿童以"人类"的意识真正去理解、包容,关心现实的人而不是故事中、想象中的那些抽象的人。在人类命运共同体理念中,对"人类"的认识就是要建立在现实中全人类的视域下,充分认知并理解"人类"作为地球上众多物种之一,综合人的自然属性和社会属性去考量与其他物种及现象的关系。

"人类"意识首当关注人所属的现实的社会群体,目的是在一定社会关系中去形成独有的"人类"意识。在我国国际理解教育目标中,"成为全球社会中的一员、国家中的一员"即是现实中"人类"意识育成的体现。要使日后能成为"全球社会中的一员",站在"全球"背景下以"人类命运共同体"的角度看待国际问题,儿童首先要成为"国家中的一员"。"国家中的一员"要求儿童关注国际问题以及全球化带给中国的影响,学习提高分析和解决问题的能力,并且能在复杂的国际国内形势中形成鲜明正确的国家认同感、历史使命感和中国国民意识。

《孟子》提出:"天下之本在国,国之本在家,家之本在身。"上下五千年,人民对"国家"的认同从来都是由小家及大国,二者同声相应、同命相依。而"家国情怀"作为中华优秀传统文化的基本内涵之一,随着历史的发展和时间的更迭,超越民族界限、意识形态,在社会建设、国家统一、展现民族凝聚力方面都开始发挥作用。"家国情怀"是中国人特有的文化基因,儿童国际理解教育结合人类命运共同体观,努力为儿童构建更远大的胸怀和视野,首先就要从培养家国情怀开始。在世界多极化、社会信息化、经济全球化及文化多样化等形势下,全球各国在不断寻求彼此之间的平衡点、共生线、契合面,全球人类更是一体共生于整个地球大环境中。这种全球性"人类"的意识要求儿童不仅仅是地区、国家的一员,更要成为"全球社会的一员"。既要怀抱家国情怀,也要超越国家主义并初步以国际视野来寻求各国之间的点、线、面,促成全球"人类"意识的共鸣。儿

童国际理解教育中的"全球中的一员"要求儿童要具有初步的全球视野、胸怀和责任感,能主动关心人类共同面临的问题,拥有主动、积极参与国际事务的能力和态度。这种目标同样也是"人类"意识和作为"全球"人类的回响。将这种回响放大,既是对不同国家人民的深切关怀与命运体谅,也是以己之力投身于国际事务建设的追求与期望;将这种回响凝聚,又变成了能够设身处地地为他人着想、接纳并包容他人异同的优良品质,以及学会化解竞争中矛盾达成合作共赢的处事手段。以"人类"意识渗透儿童,能在这种"人类"意识的回响中,逐渐成长为一名有底气、有志气、有骨气、会担当、能尊重、善融合的"全球社会的一员"。

2.以"命运"载体强化发展视域,强化责任担当

科技的爆炸式发展为世界各国带来了远胜以往的经济、政治利益。但在利益的背后,以经济绝对增长为根本发展理念的错误行为忽视了人类的代际问题及自然的资源有限性,使得自然生态环境遭受空前的破坏。"全球变暖""厄尔尼诺""臭氧层空洞""土地沙漠化"等环境危机已成为全球不可忽视的问题,地球的命运遭遇前所未有的危机。某报 2022 年 4 月报道,研究发现全球资源过度使用第一占比的是美国(27%),其次是欧盟(25%),美国和欧盟要对过度使用自然资源造成的全球生态破坏负主要责任。瑞典国际卫生学教授汉斯·罗斯林在《事实》这本著作中记录了 2007 年达沃斯论坛上的一个故事。2007 年达沃斯论坛上,各个国家就曾讨论过环境问题,欧盟的官员指出,地球因碳排放问题变得越来越热,尤其是中国和印度碳排放量超标,一位来自印度的官员立即大声抗议谴责道:"是你们这些世界上最富有的国家导致了全球气候的变化,你们已经持续燃烧煤炭和汽油超过 100 年之久,是你们把我们推到世界气候变化的根源",但是很快印度官员双手合十说:"但是我们原谅你们,愿意理解这些问题的根源并以发展的眼光处理这些问题,因为你们过去不知道自己做了些什么会带来什么样的后果,不知者不为过",然后挺起腰板举着食指像个法官一样宣布说:"但从今以后,希望我们国家之间都能互相理解,按照人均计算碳排放量,共同治理全球环境问题。"诚然,危难当前,世界各国命运休戚与共,既然地球的生态资源由各国共享共用,那么地球命运同样需要各国共治共理,不能一味地推卸和无视已有的问题,同时也要正确对待过去发生的问题和积极处理地球未来的"命运"问题。

儿童作为地球"命运"担负者,作为国际理解教育的受教育者,更要以发展的视域看待世界资源使用,接受"可持续发展观"的理念教育,肩负"拯救"地球环境的责任。儿童国际理解教育要求儿童成为"自然中的一员",思考在生态危机四起的现代社会中,人与自然、人与人应通过什么样的途径才能达到可持续发展。

人类命运共同体理念使得中国从来都将自己视为地球"命运"中的重要一员,在承载世界发展之愿的同时树立大国形象,时时刻刻践行着人类命运共同体理念的中国担当。无论是派出4万多人次维和官兵参与25项联合国维和行动,还是为100多个国家和国际组织提供超12亿剂疫苗和原液,又或是与147个国家、30多个国际组织签署200多份共建"一带一路"合作文件,无一不彰显着中国对世界发展的大国担当精神。这种精神不仅为儿童理解"大国担当"提供足够优秀的范例,还是儿童国际理解教育培养儿童责任意识,要求学生致力于建设和平、可持续发展的世界,在人类"命运"面临难题、世界发展渴求更进一步时,应有的坚定权责担当和敢于作为的精神。从基础教育阶段出发,就是要以"童趣化"的教学语言和教学方式在儿童国际理解教育中贯彻"命运"载体的概念,让儿童在日常生活中逐渐养成身为载体的规则意识与责任担当,自觉遵守规章、履行职责,为日后成为世界发展"命运"的重要担负者奠定基础。

3.以"共同体"形态接纳文化交融,铸成"共生"意识

随着全球互联和知识经济时代的到来,天涯咫尺的全球化信息传导机制使各种思想文化交流交锋更加频繁,文化多样性在此中持续推进。而随着开放时代带来的新视野和"共同体"形态的构建,人类文化的多样性发展也逐渐呈现融合性趋势,全球文化交融成为现实。文化融合以自身传统文化为基础,接纳、吸收、消化外来文化,进而促进自身文化的发展。在构建人类命运共同体的过程中,促成文化交融的"共同体"形态就是要求人们理解文化形态中的"个体、一元、本我"与"整体、多元、他我"的关系是相对的、可理解、可包容的。这种"共同体"形态同样也是儿童国际理解教育所需求的,儿童要充分学习不同国家文化背景,认识文化多样性和相互依赖性,并理解、接纳、包容文化和生活的交融,同时具备处在不同文化下也可以与他人进行交流的能力。在与儿童交流讨论各国经济文化时有过一个案例,可以立足接纳不同国际文化的背景讲述给我们

的儿童。在非洲、拉丁美洲经常会看到很多烂尾房,那么我们的儿童对此类问题有什么看法呢?在儿童们没有对非洲、拉丁美洲文化和经济了解的前提下,相信很多孩子都会回答因为这些国家和地区没钱,建不起房屋,是经济文化落后的表现。但立足文化、经济背景反差的事实,孩子们会知道这是因为当地有通过买砖头建房子当储蓄的文化经济背景。因为当地的货币通货膨胀速度极高,砖头成为真正的硬通货,如果零散存放容易丢失,就垒成房子的样子进行保存。以类似反差的问题和故事引起儿童对国际理解教育知识的兴趣,让孩子们明白儿童国际理解教育可以帮助我们更好地理解人类命运共同体,对异他文化接纳理解并包容,在此基础上也可以充分了解国际社会的动态与变化,更真实地理解世界"共同体"的形态。

在全球化的大趋势下,各个国家和地区的利益链息息相关,连线成面,其间逐渐构建利益"共同体",形成密不可分的"共生"关系。正如国家主席习近平在世界经济论坛 2017 年年会开幕式上强调:人类已经成为你中有我、我中有你的命运共同体,利益高度融合,彼此相互依存。在儿童国际理解教育中对"共生"的解读,要基于对"异己"的认识与理解,再到人与人之间、人与自然之间共同利益的认识,最后在"共同体"中"共生"这一目标落地。儿童国际理解教育要求儿童对国际中的"共同体"形态建立正确认知,同样是要铸成儿童的共生意识,要求其在生活方式、传统习惯、个性特征等方面从"学会共生"到"学会可持续共生",这亦是对人类命运共同体观的映照。

在人类命运共同体观中映照儿童国际理解教育的培养目标,能为儿童国际理解教育在我国的开展提供理论支撑。在构建人类命运共同体的过程中,儿童国际理解教育是国际人文交流的重要载体,是儿童成长走向"国际社会"的指引;在践行儿童国际理解教育的过程中,人类命运共同体观是理论更新的根本导向,是儿童学习成长的核心与灵魂。

(三)人类命运共同体理念发展了新时代儿童国际理解教育策略

面对国际冲突与问题,每个教育人都在思考:何谓更好的教育?教育如何提升价值?教育在社会文明进程中究竟发挥着怎样的作用?这样的追问与思考,离现实的学校生活有着一定的距离。那么,我们需不需要这样的追问与思考呢?正如谷歌 X 实验室"登月"项目负责人阿斯特罗·泰勒认为,"当你把一个问题看作可以解决的,即使你不知道如何去解决,你也会被你所能想到的东西震惊。它的价值会提升 100 倍,但难度并不会。"所以,在人类命运共同体理念下儿童国际理解教育的路往哪里走? 如何走? 走得怎样? 这都是我们从事儿童国际理解教育的人一直要思考的问题。

1.实践终身教育的理念

海纳百川,有容乃大。人类创造的各种文明都是劳动和智慧的结晶,国际社会一直希望通过文明交流、平等教育、普及科学,消除文明间的隔阂、偏见与仇视,播撒和平理念的种子。雨果说过:世界上最宽阔的是海洋,比海洋更宽阔的是天空,比天空更宽阔的是人的胸怀。我们应该从不同文明中寻求智慧、汲取营养,为人们提供精神支撑和心灵慰藉,携手解决人类共同面临的各种挑战。这种"人类"的意识需要各年龄、各界域的人类学习、理解并实践,不能局限于国际舞台上的演绎者和执行者。"教育要从娃娃抓起",现代儿童观认为儿童是一个社会的人,他们具有一切基本的人权。因此,人类文明共存、世界发展共行的意识要从儿童阶段就开始稳抓、牢抓,并将这种教育理念贯彻到儿童成长发展的全过程。我们要积极发展儿童国际理解教育,把"国际理解"的理念贯穿在人类命运共同体理念教育的过程之中。通过对儿童普及国际理解教育,启迪心智、传承理念、陶冶心灵、扩展视野,以人类命运共同体理念坚持国际理解教育的"终身教育"理念,使儿童在持续的理解"自我"与"他者"的文化中,不断将"国际理解"内化于自己的知识体系中,并坚持以发散性和成长性的视域观察世界、认识世界并实践于世界,在"终身学习"中把握每次新知的涌现,为"人类"意识的价值观构建不断积淀先进思想。

以人类命运共同体理念来践行国际理解教育这个面向个体与社会团体的终身教育。联合国教科文组织定义了教育的四个支柱,分别是学会认知、学会做事、学会共同生活、学会生存,指出这四个支柱构成终身教育的基础。[①] 学会认知是儿童教育领域首先强调的内容,也构成了学习儿童国际理解教育的基础,认知的内容贯穿人类成长的各个过程,不断更新对"自我"和"他者"的认知,是终身学习的基础。学会做事不仅仅是让儿童掌握生活中做事的能力,获得技能,最重要的应该是掌握应对更复杂多样的事务与问题的能力,实现从认知到掌握能力的一种跨越。1970 年国际教育发展委员会提交的《学会生存——

---

① 联合国教科文组织总部中文科.教育——财富蕴藏其中[M].北京:教育科学出版社,1996:87.

教育世界的今天和明天》报告指出"我们再也不能刻苦地一劳永逸地获取知识了,而需要终身学习去建立一个不断演进的知识体系——'学会生存'";教育必须培养人去适应世界、社会的变化求得生存,这是我们时代的显著特征,学会生存是终身教育的最终目标,能够充分发展个体的人格、自主性、责任意识与判断力,全面提升儿童个人的记忆能力、推理能力、美感与交往能力。学会共同生活,更多的是希望儿童在尊重人类多样性、平等性的精神指引下,与"他者"和平共处。儿童国际理解教育通过学会认知、学会做事、学会共同生活和学会生存四个阶段性目标构成了实践终身教育的路径,不仅仅是对儿童的知识教育、价值教育,更是一种事业教育,为儿童树立一种终身学习的典范。

国际理解教育既是终身的教育,那么首先要为儿童树立国际理解终身教育的理念,让儿童立足"自我"的文化理解"他者"的文化,来寻求个体与国家间、自我与他者间的互相理解。首先关注儿童个体的能动性,尊重现实中的人,了解个人尊严与权力,在此基础上实现文化间的人际双向互动;然后需兼顾民族性和全球性,在明确自我的前提下,理解他者的文化,树立全球意识。有这样一句谚语:你给你的孩子一把锤子,他就会把所有的东西看成钉子。儿童国际理解教育不能只做一把锤子,让儿童把所有的东西都看成钉子,其目的是教导儿童学会理解和包容,而不是脱离现实,俯视看待问题,对于教育者来说,我们在赋予儿童知识的过程中也要教会儿童做到平视不俯视。例如,现代社会儿童死亡率代表着国家和区域的经济发展程度,因为儿童是全世界人类最为珍视的群体。在一次课程中和学生们讨论全球儿童死亡率和非洲儿童生活水平的时候,一个学生很骄傲地说道:"非洲儿童的生活,远比不上我们的幸福生活。"诚然,中国的孩子应该有骄傲的理由和资本,中国当代的儿童生活在物质比较丰裕的时代,但是事实上,从世界整体发展的方向来看,非洲的儿童死亡率已经在高速下降,那么我们的孩子为什么还有这样的优越感呢?教育确实教授给儿童丰富的知识,但是不能让知识成为锤子,让发展中的事实成为钉子。作为教育者,我们要让儿童明白国际理解教育是人类的一种终身的教育,需要我们以开放的眼光和包容的胸怀,以"全人类"的意识来充分理解不断变化着的现实生活,要杜绝儿童因为知识的增长和生活的美好而滋生骄傲与傲慢,真正做到从"国际了解到国际理解"。古语云"学习是终身事",儿童国际理解教育也是具有持续性的、进阶性的教育,教导我们的儿童以终身教育的目标理解和宽容,多维度观察这个世界,才能更加真实充分地服务人类的发展和未来。

2.强化规则意识

当前时代,中华民族伟大复兴的目标与世界处于百年未有之大变局同步交织、互相激荡,世界性问题频发,国际问题和社会问题是全人类共同面对的挑战,全人类都身处命运与共的共同体之中,作为教育者更应该引导儿童对人类社会命运共同体进行整体的考量。教育源自文明的需要,文明因教育而不断发展,人类文明的核心要素就是规则,大到国际规则,中到法律法规,小到生活规则,微到内心法则。教育,尤其是儿童国际理解教育,不能仅仅局限于知识与技能方面的教育,更应该传递给儿童的是经验、规则和观念的教育。儿童国际理解教育的目的是让儿童站在全人类前途命运的角度探索规则与责任,强化规则意识,以平和开放的心态和视角看待问题、遵守规则,成为一名有底色、能担当、善融合的新时代中国好儿童。

儿童国际理解教育中的规则观,可以概括为:

一是教师应是儿童国际理解教育中"规则"的揭示者。无论是在教育中还是在生活里,儿童国际理解教育的教师应当知晓与体察存在于其中的各种规则,教授学生如何发现和遵照这些规则,预防他们因不了解这些规则而在生活、学习以及交际中"失能"而感到挫败。教师不仅说明规则有哪些,还必须注重在变幻中的国际、国内和社会生活交往中呈现规则的意义、力量、弹性和限制,这对教师知识的广博也有很高要求,尤其是要实事求是、灵活处置和具有底线思维。《3—6岁儿童学习与发展指南》也指出,5~6岁的儿童应"理解规则的意义,能与同伴协商制定游戏和活动规则",从小培养儿童的规则意识和社会、国家乃至全球的规则意识,对儿童终身教育的发展有着重要意义。儿童对于国际理解教育的学习多数是取决于经验的学习,不能是"空中楼阁",也就决定了儿童国际理解教育在生活场景中让儿童发现、学习规则可以达到事半功倍的效果。例如要告诉儿童每个城市、区域、国家有不同的文化和规则,如果只秉持自身成长所了解的文化和规则行事,就像用中国的导航路线在美国穿行,永远也不会到达你想要去的地方。生活场景中揭示规则的故事也比比皆是,把自身了解的文化和规则套用到陌生的地方是一件很危险的事,一位来自印度的十四五岁的女生在中国参观,准备搭乘直梯上顶层,但是面前的直梯门即将关闭,印度女生立即把腿伸到电梯内意图让电梯因触碰外物重新打开,但不幸的是,电梯门依旧是关闭的态势并且夹住了女生的大腿，电梯里的中国人非常着急，使劲儿按按钮并且努力扳开电梯门，终于把电梯按停并且成功打开门，这时电梯里的人都很愤怒地问："怎么把腿伸进电梯里?"印度女生的答案是"在印度都会这么做，因为电梯有自动感应"。但是在中国，我们普遍教育灌输给儿童的规则是，用身体阻拦电梯门是一件非常危险的事，因为电梯的自动感应不会每一次都是灵敏的。儿童国际理解教育者用简单的故事揭示道理，如果把我们过去的生活文化和规则简单复制到一个陌生的地方，是一件不合时宜和非常危险的事。作为国际理解教育者，为儿童揭示国际文化、认识国际规则的重要性也是十分重要的一个环节。

二是教师应是儿童国际理解教育"规则"的引导者。"知行合一"是一个非常重要的思想，"勿以善小而不为，勿以恶小而为之"，更为重要的是，作为教育人我们要让学生"信"，我们首先要"信"；要让学生"行"，我们首先要"行"。唯有如此，才能格物致知、知行合一。中国儒学中孔夫子《论语》的核心理念有"君子求诸己，小人求诸人"，自古以来至圣先师就告诉我们中国人，"君子求诸己"就是努力做有影响的事，用自己的真信、真行来影响自己的学生，而不是像"小人求诸人"一样一味地向别人提要求。

教师在研究课程案例开发中，可选择对于规则的践行具有平衡明辨能力的引导性案例。例如，1860 年英法联军攻占北京，合伙抢劫了中国的圆明园，英国军队首领在英国首相的支持下，下令烧毁圆明园，连绵三日大火之后，这座世界名园化为一片废墟，同时英法联军抢掠约 150 万件珍贵文物，这时法国文学家维克多·雨果以世界文化的立场和全人类文明的角度，公开斥责英法政府如强盗一般的行为。雨果以独立的人格，从尊重民族文化和珍视人类文明成果的角度，尊称中国为伟大古老的民族，是人类文明的创造者，他不仅战胜了狭隘的民族主义，冲破文化的隔阂，而且还指出"岁月创造的一切都是属于全人类的"这种具有国际理解教育内涵的深刻见解，彰显了国际理解教育的价值光辉。2019 年因雨果名著而闻名世界的巴黎圣母院遭受了烈焰之苦，网络上键盘侠纷纷起哄"天道有轮回，苍天饶过谁"，这场大火让人不自觉地想到中国文化曾经历的磨难，这是中国历史耻辱柱上最疼的一根钉子，这一刻的中国人，也同时会想起背负了一百多年圆明园烧毁的心灵创伤，这时要谨防妄自尊大、故步自封的狭隘民族主义，儿童国际理解教育教导我们的儿童面对百年来沉重的历史负荷和千年际遇,要保持冷静、团结、开放、自持和自尊的态度,以立足民族又面向世界的心态去践行国际理解教育规则,形成全球视野的思维框架,掌握国际理解教育知识,理解国际问题,提升国际理解教育能力,拥有国际理解教育态度,做出平衡明辨的判断,真正做到"君子求诸己",努力做规则践行者。

三是教师应是儿童国际理解教育"规则"的制订者。并非任何规则都是事先制订好的,也不是所有的规则都是一成不变的。那么,在实际运作过程中,出现矛盾时,就需要我们与当事人进行协商,试图达成一致的认识,制订相关的"规则"。所以,教师最重要的职责不在于教导学生行为准则,而在于帮助学生发现、领悟、判断这些准则。儿童国际理解教育要让孩子们明白何为规则,规则是如何制订的。在儿童国际理解教育中制订规则,就是要以规范、约束教育活动为目的,由师生共商共建共遵规则秩序,力求达成规则下儿童国际理解自主、系统地发展。

首先,儿童国际理解教育中的规则制订等同于对"国际理解"概念边界的揭示,因此"理解"教育的充分性应由规则制订中的"反复性""无限性"和"实践性"体现。在儿童国际理解教育中对教育活动制订规则,既要根据国际形势和时事政策的时效性进行不断修正,同时要以"人类命运共同体"理念为基础,对规则做出合理的甄别、选择。同时,规则运作也是制订的关键环节,每一次教学实践对规则公平性、有效性、实践性的检验都是后一次规则制订的有力支撑,每一次儿童对"国际理解"产生新的认知都是后一次规则制订的发展导向。规则在"反复、无限、实践"的制订和运作中与教育活动的契合度不断攀升,使得儿童国际理解教育的教育方针得到持续充分的贯彻。

其次,儿童国际理解教育从规则起始就应贯彻"共同体"意识,规则制订要以共商共建为出发点,以共同遵守共同监管为落脚点。以共商共建为纲促成师生共同参与到规则制订中,儿童既是规则的进言者也是参与者,既是执行者也是受益者。例如,根据某一国际规章组建的"小小联合国"的学习实践活动,儿童通过合作研讨规则细节,经由教师指导完成最终规则的制订与"颁发"。这类基于"共同体"理念的教育活动,能使儿童在共商中体悟"国际成员",在共建中打开"国际视野",在共同遵守和共同监管中培养"国际治理观"和国际理解能力。

最后,规则的制订要充分贴合师生日常用语的表达,保证正确解读和充分理解。儿童身心发展尚未成熟,语言阅读能力和文字的再认识能力尚且不足,无法及时有效地将条文规则转化为行动准则。因此在规则的制订与设计中,要在"合理、有效"的前提下与日常学科教育中的"要求"和"提问"求同存异,再以童趣、简明的语言进行规则表述,以此保障儿童对学习要求及学习内容的准确把握,提高儿童学习行动的内驱力,促进"国际理解教育"的积极开展。同时,儿童也能从规则理解中镜鉴对"国际公约、条例"的认知,从隐性课程的角度促进"国际理解"能力的提升,使儿童国际理解教育真正做到用文化理解和规则意识培养儿童养成关怀他人、关切社会、关心国家、关注全球的良好品质。

3.儿童国际理解教育与学科核心素养深度结合

随着人类文明的不断发展,生产力水平持续提高,整个人类社会正面临着前所未有相同的危机,新冠疫情的发生再次表明,人类是一个休戚相关,生存与共的命运共同体。如何将这个全球性宏观问题体现到我们的儿童教育中,增加儿童国际理解教育的知识、提升儿童国际理解教育的能力和培育儿童国际理解教育的态度,是目前儿童国际理解教育中的一个重要课题。

学科课程是学校为实现培养目标而选择的教育教学内容及其规划与进程,是学生成长的营养,课程结构决定学生的素养结构。高品质的教育呼唤高品质的学科核心素养,课程要有课程的学术品位,要有活动的时空张力,要有制度的创造弹性,要有育人的远大格局,同时要有时代的敏锐触觉。将人类命运共同体视域下的儿童国际理解教育与儿童各个阶段学科核心素养深度结合,从教育的基本理念和性质来说,其和儿童高品质的教育要求是具有一致性的,即都重视儿童的思维发展、课外实践、弹性的规则管理、坚毅的品格、合作的意识、快速感知和应对时代变化带来的挑战。二者共同致力于帮助儿童、青少年更加深刻地认识社会中的一切关系和不同世界文明的本质,其基本目标都是为了促进全球和平与发展,最终推动全人类的整体进步和共同繁荣。因此,在人类命运共同体视域下推进儿童国际理解教育与学科核心素养深度结合,让中国的儿童、青少年更好地了解世界,引导学生在"懂自己、懂社会、懂中国、懂世界"的基础上,正确处理好与世界的辩证关系,最终建立起胸怀天下的视野与眼界是教育的题中之义。

一是探讨儿童国际理解教育与学科教学的深度融合。《义务教育课程方案

（2022年版）》提出教学培养目标是培养有理想、有本领、有担当的时代新人。儿童国际理解教育的培养目标设定为：培养热爱和平，尊重和理解文化多样性，初步具有国际视野和人类命运共同体意识，具有全球意识和跨文化交流能力的新时代好儿童。二者的教育教学在培养目标层面对新时代儿童作为时代新人形象有共同的描绘与认识，更是将儿童的个人追求融入国家富强、民族复兴、世界和平发展的伟大梦想中。

义务教育阶段《道德与法治》的学科核心素养可概括为：政治认同、道德修养、法治观念、健全人格、责任意识；《语文》的学科核心素养可概括为：文化自信、语言运用、思维能力、审美创造；《数学》的学科核心素养可概括为：会用数学的眼光观察现实世界、会用数学的思维思考现实世界、会用数学的语言表达现实世界；《科学》的学科核心素养可概括为：科学观念、科学思维、探究实践、态度责任等，其中可以发现各个学科的核心素养和儿童国际理解教育的学科素养有着必然结合点，即都基于国际视野、家国情怀、综合素养培养，重视学生的思维发展，培养坚毅的品格与合作的意识，重视健全人格和自我发展能力。通过学科课程和儿童国际理解教育的深度融合，能够进一步贯彻国际理解教育的宗旨，通过教育的方式消除文化隔阂，推动基于尊重文化差异的相互理解，促进世界和平。

例如在《道德与法治》课程中，与儿童国际理解教育的深度结合是教育思维的创新，将国际化思维、比较化思维和包容性思维融合进课程中，从国际化的现代公民视角出发对不同文化、不同意识形态以及马克思主义科学理论在不同国家的应用与习近平新时代中国特色社会主义思想进行比较认识，让学生领悟马克思主义中国化的精髓和奥妙之处，紧跟时代步伐了解国际问题和全球问题，通过认知、比较、分析和理解，增加平衡明辨的能力，最终判断是否能达到包容性的目的，建立持久和平、普遍安全、共同繁荣、开放包容的人类命运共同体。例如引导儿童及青年学生认识"四个自信"既是儿童"自我意识"的成长，又是一种"比较意识"的发展，来源于对中华民族传统优秀文化的了解和对马克思主义中国化理论体系的认同，更来源于对国际视野的展望和对不同文化的理解。与儿童国际理解教育深度融合中，教师可以引导儿童通过对"他者"的深刻认识了解和辨别，从而加深对"自我"的认知和认同，在认识到"四个自信"的基础上，从比较优势的内容出发，相悖的价值观之间、文化现象之间的对话更容易拓宽学生的思维广度和提高学生的交流沟通能力。

国际理解教育与学科核心素养的深度融合从儿童抓起，培养新时代大国国民和国际化复合型人才，新时代的大国国民要求匹配足够的国际理解知识、国际理解能力和国际理解态度，使儿童和青年们在感悟民族复兴和全人类共同进步之间的紧密联系的同时，拥有胸怀人类命运共同体的理念，在中国走近世界发展中心舞台的历史进程中贡献一份力量。

教育的育人标准的迭代更新，表现出我国教育的培养目标增加了更多国际化"底色"，在儿童教育阶段学科核心素养的提炼培育中，增加更多国际理解教育知识和内容，更加有利于培养儿童和青少年比较多个国家社会、文化和文明的异同，形成全球胜任力，发展全球视野、尊重差异和共生共享的素养，进而为我国更主动积极地发挥国际影响力奠定人才基础。

二是要厘清融合渗透的误区。加强儿童国际理解教育与学科核心素养的双向渗透，二者的有机结合是教育守正创新之举。顾明远主编的《中国教育大百科全书》曾提出："国际理解教育是一种教育思潮和活动"，那么各个学科课程可以成为其有效的载体，国际理解教育的知识、能力、态度可以通过多种学习的比较到生成再到发展，有效地帮助儿童进行认识和实践。但是在儿童国际理解教育与各个学科融合发展过程中也会产生较多的误区，例如在学科课程《道德与法治》中学习到的中国传统文化是否等同于国际理解教育？《英语》课程中学习到国外的文化和外语本身是否等同于国际理解教育？儿童在学科课程中学习了中国传统文化、国外文化以及外语是否就达到了儿童国际理解教育的教学目标？这是我们要厘清的儿童国际理解教育与学科融合渗透中的误区，在学科中学习的中华传统文化与思想政治教育都应属于国家认同教育，其培养目标是要培育具有国家意识，了解国情历史，认同国民身份，能自觉捍卫国家主权、尊严和利益，具有文化自信，尊重中华民族的优秀文明成果的新时代儿童；学科中关于国外文化、语言的学习，可以理解为是国际了解教育，并且要肯定的是国际理解教育不能直接等同于简单的国际了解教育，也不是纯粹的国家认同教育，所以，不能将学科学习的某些内容简单归类为国际理解教育。

儿童国际理解教育与学科课程深度融合带来的转变必然带来课程内容的丰富和革新，但始终要把握住儿童国际理解教育的目标定位是培养能够站在中国立场去审视、去评判国际问题、全球问题，和能够以人类命运共同体的视角思维去看中国、看国外,去比较中外文化,在了解、比较和理解的基础上,学会包容和尊重世界的多样性、学会共处、合作的新时代好儿童,并且要使儿童们在学科教育的渗透下形成更坚定的"自我"认识,对什么是宽容、什么不可以宽容有更深刻的认识,真正了解何为"共生",如何"共生",而不是单纯对应学科课程中的知识内容来替代儿童国际理解教育,这样并不能真正做到二者的有机结合。

三是以课程方案促进儿童国际理解教育与学科课程的深度融合。儿童国际理解教育和我国的学科教育都强调终身教育以及家庭、学校和社会的合力教育,二者的有机结合可在不同场域、不同学段达到课程形式的创新,儿童国际理解教育可与学科课程、实践课程渗透融合,共同关注到国际热点问题,在课堂中、在社会里,进行教学、研讨和知识传播,国内环境和国际环境也可进行相互转换,对儿童国际理解教育和学科教育的结合具有更大灵活性、更宽广范围,组织各类教学主题活动和国内外的社会调研,做到真正丰富课堂表现形式。

在课程方案中,将儿童国际理解教育与思想政治教育理论课程不同学段相结合,达到持续加强的育人目的,可进一步尝试互相渗透相关理念进行开发教育资源,根据学段发展进行持续研究探索(表3.1)。

表 3.1 国际理解教育融入思想政治理论课程案例

课程名称	适用学段	总体目标	拟开展课程主题
社会课	幼儿园学段	全球合作,可持续发展	培养绿植、了解垃圾分类、戴口罩问题
道德与法治	小学学段	和平与儿童权利,国际权利观	战争中的儿童
思想道德与法治	初高中学段	充分认识中国精神、警惕全球化影响	全人类共同价值和西方价值理念
	高等教育学段	法治精神和全球化对策	人类命运共同体、世界上的法律体系

这些课程将儿童国际理解教育的内容渗透至思想政治教育课程之中,可依托各个学段的思政课程探索国际理解教育课程的新开发,也为学生提供更多思

政教育的机会。例如,在幼儿园学段开设的社会课,以培养绿植、了解垃圾分类和戴口罩问题等实践性学习主题,讨论全球资源和危机问题,为儿童们树立"绿水青山就是金山银山"概念和身处人类命运共同体的意识,说明可持续性发展和全球合作共同担负前途命运责任的重要性。小学学段在道德与法治课中讨论战争中的儿童,了解战争中儿童生活的无助和惊慌,以国际理解教育的视角带领孩子明白和平的可贵以及获得更高的自我效能感,来抵消在战争面前的无力感。让儿童具有以人为本的意识,尊重、维护人的尊严和价值,能关切战争中人的生存、发展和幸福,能对不幸中的人抱有同情和善意,运用科学的思维方式认识事物,尊重事实和证据,在百年未有的世界格局下,儿童以开放的心态关注世界各国动态,关注人类共同面临的挑战,理解人类命运共同体的内涵。初高中的思想政治课程随着儿童年龄段的增加对其主体性的教育和独立思考有更高一步要求,设立全人类共同价值和西方价值理念这个主题,从形成条件、实现形式和价值取向的三点不同来讨论什么是导致了文明与文明之间的冲突的根本,具体教学目标应该从顺应历史潮流、增进人类福祉出发,让孩子们理解文明发展脉络,尊重和维护人类文明的多样性,做全人类共同价值的倡导者,以宽广胸怀理解不同文明对价值内涵的认识,把全人类共同价值具体地、现实地体现到实现本国人民利益的实践中去,有力推动构建人类命运共同体。高等教育学习阶段,叫将世界法律体系的内容融入"思想道德与法治"课程,让大学生们以更宽广的国际视野来了解法律体系,思考国际法制订所应遵循的规则,培养其"公民"意识,以知识的传播和案例的讲解提升大学生的权利意识、平等意识、宽容态度、法治观念、义务(责任)观念、理性精神以及全球意识,加强其平衡明辨的能力和对公平正义的追求。

同时也可结合具体学段进行单元主题课时设计,将儿童国际理解教育与《语文》课程教育的结合嵌入单元主题学习,立足国际国内现实情况发展,基于课程目标的分析设计,形成具有可操作性的一系列单元课程方案设置(表3.2)。

表 3.2　儿童国际理解教育融入《语文》课程教育单元课程案例

单元目标	主题	课程目标
从国际视角让儿童认识"西方对中国应对新冠病毒的解读",理解政治文化差异,思考中国发展道路,寻求"共生"的意义	新冠在全球的迅速蔓延,西方对中国应对新冠病毒的解读也从最初的制度嘲讽,迅速变化为对中国政府应对疫情模式的借鉴、学习	1.让学生了解国内外对新冠疫情的态度 2.明白国与国之间的政治文化差异 3.形成人类命运共同体的价值观
	阅读学习《最致命瘟疫的史诗》,了解大流感疾病传播与科学、文化、政治互动的里程碑意义	以史鉴今,向人类共同的苦难致敬,加强责任观念和全球意识

　　使儿童国际理解教育与《语文》课程深度融合,编制各个学校校本课程规划,进行相关课程规划培训、课程专题调研、审核实施等阶段,采用国内国际省内省外资源互通结合的策略,邀请专家点对点指导,进行各个学段每个学期的课程规划。国际理解教育课程与学科课程相结合,由点到面、从量到质秉持课程精品的追求,结合学校顶层设计,从课程资源结合和可行性方面进行分析研究,撰写课程大纲,同时进行课程目标、内容、实施、评价等维度的研究。

　　四是开发课程技术工具,让课程扎地生根,在儿童国际理解教育课程的开发中,同样要"回望"人类命运共同体理念。在常规的"ADDIE"课程开发模型中建构以人类命运共同体为内核的课程体系,让"国际理解"的目的与价值观育成共同扎根于课程,达成课程思政的根本目的——"立德树人"。因此,以人类命运共同体理念为内核与要素贯穿整个课程开发过程,将紧扣"ADDIE"五个阶段的理念与组织展开。

　　一是 Analysis,即分析儿童的学习诉求和教育需要,是对命题"国际理解教育中,儿童真正需要什么?"的解答。这要求课程开发者明晰常规教育下的儿童对"国际理解"认知与课程核心目标之间的差距,从而分点分类分层次探析教育需求。在此过程中,开发者要站在儿童的立场,一视同仁地去认知"国际视域""文化理解"等目标;要坚持以人类命运共同体理念为纲的课程核心,高屋建瓴地阐述课程的目标方向,再从言语或问卷的反馈中收集儿童对课程的初步认知与展望,最终落实以"贴合学情""需求导向""问题导向"开展的课程内容设计。

二是 Design，即对儿童国际理解教育的课程大纲与框架的设计。"国际理解"框架的搭建要牢牢把握人类命运共同体理念的精髓，从"微"从"小"入手厘清国际理解教育的层次线。例如，从儿童间相处过程中的"合作竞争"导入对文化的理解与权利义务的交织；从儿童日常矛盾与处理方案中导入共同治理与和谐共生的学习意识；从儿童对生活中大小规则的认知中导入规则意识和可持续发展理念。基于此，课程以单元主题或板块整合的方式对"儿童国际理解"的多维目标逐层设计，从而对标儿童人际交往的生活琐事乃至世界时事中的教学素材，为课程的开发做足充分的准备。

三是 Development，即综合分析与设计对课程展开实际的开发。在资源整合与课程开发的过程中，将人类命运共同体理念融入主题式的儿童国际理解教育，不仅可以启发儿童以"国际视域"升华"国际理解"的学习逻辑，还能让儿童在对人类命运共同体理念构建历程的回溯中深刻认识人类文明和世界发展动态与"国际理解"的重要性。

四是 Implementation，即儿童理解教育课程的试行与实施。在坚持学生主体的教学中，"国际理解"的学习便是儿童从认识、理解、包容他者文化，到自主建构全球意识与国际视域，最终以人类命运共同体理念为导向积极投身于国内国际事业的建设中。人类命运共同体理念在课程实施中具有高屋建瓴的指导作用，既是各阶段、各单元的教学之纲，也是作为学生逐步"理解"、成为"领导者"的最终范本，更是课程在设计—开发—实施—评价往复中的"永驻灯塔"。

五是 Evaluation，即对课程试行结果或实际成效的评价。除专业化量表进行总结性评价外，儿童国际理解教育也常用案例演习（能否做出标准的决策）的方式作为各阶段、各主题的形成性评价，印证儿童对所学知识的理解、迁移、重构程度。人类命运共同体理念的四个价值观基础可以作为评价的最高标准，结合儿童实情和演习实例确立"童趣化"的分层评价标准，确立"专业知识、公民素养、个性发展、思维能力"等维度的评价指标，使用"我能行""我还差一点点"等评价用语。最终课程开发者以评价结果反馈 ADDIE 模型实施的具体成效，便于对课程开发整体流程进行回顾与修订。

第四章　新时代儿童国际理解教育的基本走向与未来展望

一、新时代儿童国际理解教育的研究建议

(一)拓展理论研究空间

首先,现有研究对儿童国际理解教育的理论诠释角度比较机械。我国学者在结合学科实践教育方法时,涉及国际交流和跨文化理解研究较多,对理论的挖掘和追溯较为欠缺,缺少理论诠释的连贯性和承接性,较多的是经验性介绍,而有效性和实用性的研究成果较少。根据联合国教科文组织相关文献和报告,亚太地区国际理解教育研究院将国际理解教育的内容归纳为三个领域,即知识领域、态度领域和技能领域。同理,对儿童国际理解教育研究理应关照上述三个领域,形成系统性、开放性的理论分析框架。因此,新时代的儿童国际理解教育研究应在合理运用唯物史观的分析方法基础上构建"理论解析—认识构建—社会认同"的理论研究框架,由内向外地进行扩展,从体现儿童国际理解教育的价值归属角度,储备构建适用于儿童国际理解教育研究的理论知识;从强化主体与客体的价值认同和社会认同角度,阐释儿童国际理解教育发展的理论逻辑;从话语体系、话语能力等方面推动构建儿童国际理解教育的创新发展。

其次,应当密切关注国际国内实际,深刻总结国际理解教育理念创设以来的基本经验和内在规律,为儿童国际理解教育理念的内涵延伸提供明确价值遵循。现实的国际社会发展节奏和国际关系背景凸显了正确把握儿童国际理解教育理念的重要性,当前对儿童国际理解教育理论上的研究主要是基于两个方面的现实思考:一方面是基于对全球化背景下国内教育发展的思考,另一方面是研究者对国外国际理解教育研究成果的引进。理论的来源终归于现实的实

践,儿童国际理解教育的应用一定程度上受限于"培养应对国际竞争人才"的工具主义思路,也困囿于"为了国际化而国际化"的角度,这恰恰是其理论内涵难以形成统一的原因。当前,儿童国际理解教育理论的发展研究应突破这种"囚徒困境"的国际关系格局,统筹新时代所构建的国内国际两个大局,兼顾吸收国际优质教育思想与坚守本土自主自信之间的平衡;从人的全面发展理念出发,引导儿童体验世界多元的文明,注重情感素养的提升,拓宽思想境界与生命境界,培养形成正向的观念意识。

再次,注重从学理上阐释当代儿童国际理解教育的行为话语、行为要素、行为特征。首先,在当前国际关系的语境下,国际理解教育话语属于国家间的人文交流的范畴,是一个动态的发展过程。儿童国际理解教育的行为话语是特定的主体在特定时代背景下形成的话语体系。按照国际关系现实主义的观点,国家间权力对比的改变必然引发国际格局和国家间关系的变化,儿童国际理解教育实践必然要面对理想与现实、现实与历史、现实与未来所带来的矛盾。其次,从动力、主体、取向三个视角对新时代儿童国际理解教育的行为要素进行学理分析。儿童国际理解教育本质是一种人文互动,是人与人、人与社会、群体与群体、国家与国家之间相互影响、相互作用的过程。只有抓住其行为的话语、要素、特征才能实现新时代儿童国际理解教育的碰撞、演变和发展。同时,理论所蕴含的价值必然表现为外在的张力和实践的行动,对理论的认识必然根源于深入的实践并如此循环反复,只有抓住其行为实践特征才能推动理论的发展。

最后,推动马克思主义理论、教育学、统计学、心理学、国际关系、国际政治等领域的跨学科、综合交叉研究,拓展相关研究的深度、广度。目前,研究"儿童国际理解教育"相关问题学者的学科背景大多为教育学、社会学、心理学、民族学、语言学,研究风格偏向于宏大叙事和基本理论研究。随着研究的深入,多学科集中攻关、面向中观和微观层面问题研究的重要性日益凸显。对儿童国际理解教育的研究应在坚持教育学基本方法论的前提下,充分借鉴和科学运用马克思主义理论、社会学、政治学、统计学、历史学、经济学等学科的理论资源、分析范式和研究方法,立足于研究儿童国际理解教育的重大基础理论问题,并试图探讨影响儿童国际理解教育中观和微观层面的问题,进一步拓展已有研究的深度和广度。

（二）丰富实践研究路径

首先，国际理解教育历经多年发展，美国、日本、韩国等国家积累了丰富的中小学国际理解教育政策实践经验，这为中国中小学国际理解教育政策的发展提供了可资参考的蓝本。然而，如何摒弃观念层面和现实层面的差异，客观、科学地看待儿童国际理解教育的国别发展是一个极具挑战的难点，这种差异也导致了我国对域外儿童国际理解教育研究成果分析存在一定程度的片面性，尤其是从历史维度系统梳理、深刻总结儿童国际理解教育成功经验和基本规律的探索不够，成果有限。新时代应系统挖掘欧美国家、东南亚国家儿童国际理解教育的历史经验，借用比较政治学等学科的研究方法，为儿童国际理解教育的制度建设、政策创新提供历史镜鉴。对欧美、东南亚等国家开展儿童国际理解教育的成功经验与基本规律进行系统梳理、挖掘和提炼，既为发挥历史的垂鉴作用，又为把握儿童国际理解教育的基本规律提供学理支持和行动指南。

其次，抓紧对新时代儿童国际理解教育现状进行客观、准确评估，为院校、党政机关相关领域的科学决策提供有价值的决策依据。总体把握新时代儿童国际理解教育实施现状，深入分析世情、国情、党情深刻变化背景下，儿童国际理解教育存在的问题与挑战，是实施、发展儿童国际理解教育的重要前提条件。已有研究虽然开始对儿童国际理解教育的现状进行评估，但总体来看，已有研究成果相对分散、尚不系统。全面、系统地分析儿童国际理解教育基础现状的文献尚显不足。致力于融合定性研究与定量研究方法，构建一套科学的调查设计问卷，将儿童国际理解教育实施现状转化为具象化的指数体系，运用问卷调查、访谈等方式获取的大量数据，全面把握社会形势变迁、国际格局变动、教育领域改革视域下不同区域执行儿童国际理解教育的现状差异，整体性评估新时代儿童国际理解教育的现状，有利于为整体把握新时代儿童国际理解教育的现状，尤其是面临的突出问题和现实挑战提供决策咨询。

最后，正本清源，回应错误思潮和观点，为儿童国际理解教育的实践营造良好舆论氛围。改革开放 40 多年来，中国实现了"从高度集中的计划经济到充满活力的社会主义市场经济体制、从封闭半封闭到全方位开放的历史性转变"。这种转变引起了社会思潮的显著多元。随着我国对中小学国际理解教育的日益重视，人们对儿童国际理解教育的认识也更加全面。当前，现有研究仍存在着以下几个误区，一是认为儿童国际理解教育就是对外交流、出国访问等；二是在方式上偏重知识传授；三是将儿童国际理解教育简化为外语学习。尤其是对什么是新时代的儿童国际理解教育，未形成既定概念。从字面意思进行分解可以发现，"国际理解教育"重在"理解"，"新时代"则是"理解"框架内的"背景"，"儿童"是这一语境的核心。对儿童国际理解教育的认识应当是双向的、共生的，针对存在的误区，应主动丰富新时代儿童国际理解教育在课程设置、主题活动、教师培训、对外交流合作等方面的开展。

二、新时代儿童国际理解教育的未来展望

一是进行理论基础研究、构建理论分析框架。研究儿童国际理解教育问题，本质上是研究如何准确把握未来的儿童教育，如何准确定位儿童国际理解教育的内涵、使命、路径，如何为民族国家和世界发展培养适应未来的儿童。未来儿童国际理解教育研究应在历史唯物主义关于人类社会生产的基础上，从深化国际理解教育认同与社会基础角度，构建"理论解析—认识构建—社会认同"的分析框架，深刻阐释唯物主义历史观与儿童国际理解教育的内在互动关系及其时代意蕴，建构儿童国际理解教育的概念、观念和理论，奠定研究的坚实理论基础。

二是要有历史回顾与经验总结。运用大历史的分析范式，把握国际理解教育理念创设70余年来、中国改革开放以来儿童国际理解教育的理论创新、制度变迁、政策演变和技术发展，全面总结儿童国际理解教育的历史经验，从而为未来儿童国际理解教育理论研究和政策建议创新，提供历史经验借鉴。

三是聚焦重大现实问题。从当前国际国内环境出发，紧紧围绕"为谁培养、如何培养、培养为谁"这一根本性问题，致力于对儿童国际理解教育基础方面的重大现实关切，开展系统深入的实地调研和理论研究，为儿童国际理解教育实践基础、理念更新、制度政策革新、方式方法创新提供有益的学理支撑。同时，坚持问题导向，重点聚焦儿童国际理解教育存在的问题与面临的严峻挑战，并将其作为儿童国际理解教育研究的重点、难点问题。

四是镜鉴经验教训。对儿童国际理解教育的研究，既要善于总结国内经验，又不能闭门造车，忽视对其他国家经验的总结。儿童国际理解教育的研究应致力于对欧美主要国家、东南亚邻国开展儿童国际理解教育的历史轨迹进行系统总结反思，为开展儿童国际理解教育，提供域外经验镜鉴。

　　五是探寻优化路径。问题研究不仅仅在于找出问题,更重要的在于提出有效的应对之策。准确定位儿童国际理解教育的内涵意蕴、发挥其历史作用、制定具体举措有利于积极应对国内社会主要矛盾转变,按照"理论观念更新+制度政策构建+手段方式创新"三位一体的问题解决思路,从理论、制度、实践三个层面,为儿童国际理解教育提供具有战略高度、理论深度、操作精度的对策建议。

关于国际理解教育的相关摘录

1.国家中长期教育改革和发展规划纲要
（2010—2020年）

来源：中国政府网

根据党的十七大关于"优先发展教育，建设人力资源强国"的战略部署，为促进教育事业科学发展，全面提高国民素质，加快社会主义现代化进程，制定本《教育规划纲要》。

序　言

百年大计，教育为本。教育是民族振兴、社会进步的基石，是提高国民素质、促进人的全面发展的根本途径，寄托着亿万家庭对美好生活的期盼。强国必先强教。优先发展教育、提高教育现代化水平，对实现全面建设小康社会奋斗目标、建设富强民主文明和谐的社会主义现代化国家具有决定性意义。

党和国家历来高度重视教育。新中国成立以来，在以毛泽东同志、邓小平同志、江泽民同志为核心的党的三代中央领导集体和以胡锦涛同志为总书记的党中央领导下，全党全社会同心同德，艰苦奋斗，开辟了中国特色社会主义教育发展道路，建成了世界最大规模的教育体系，保障了亿万人民群众受教育的权利。教育投入大幅增长，办学条件显著改善，教育改革逐步深化，办学水平不断提高。进入本世纪以来，城乡免费义务教育全面实现，职业教育快速发展，高等教育进入大众化阶段，农村教育得到加强，教育公平迈出重大步伐。教育的发展极大地提高了全民族素质，推进了科技创新、文化繁荣，为经济发展、社会进步和民生改善作出了不可替代的重大贡献。我国实现了从人口大国向人力资源大国的转变。

当今世界正处在大发展大变革大调整时期。世界多极化、经济全球化深入发展,科技进步日新月异,人才竞争日趋激烈。我国正处在改革发展的关键阶段,经济建设、政治建设、文化建设、社会建设以及生态文明建设全面推进,工业化、信息化、城镇化、市场化、国际化深入发展,人口、资源、环境压力日益加大,经济发展方式加快转变,都凸显了提高国民素质、培养创新人才的重要性和紧迫性。中国未来发展、中华民族伟大复兴,关键靠人才,基础在教育。

……

(五十)提高交流合作水平。扩大政府间学历学位互认。支持中外大学间的教师互派、学生互换、学分互认和学位互授联授。加强与国外高水平大学合作,建立教学科研合作平台,联合推进高水平基础研究和高技术研究。加强中小学、职业学校对外交流与合作。加强国际理解教育,推动跨文化交流,增进学生对不同国家、不同文化的认识和理解。推动我国高水平教育机构海外办学,加强教育国际交流,广泛开展国际合作和教育服务。支持国际汉语教育。提高孔子学院办学质量和水平。加大教育国际援助力度,为发展中国家培养培训专门人才。拓宽渠道和领域,建立高等学校毕业生海外志愿者服务机制。创新和完善公派出国留学机制,在全国公开选拔优秀学生进入国外高水平大学和研究机构学习。加强对自费出国留学的政策引导,加大对优秀自费留学生资助和奖励力度。坚持"支持留学、鼓励回国、来去自由"的方针,提高对留学人员的服务和管理水平。进一步扩大外国留学生规模。增加中国政府奖学金数量,重点资助发展中国家学生,优化来华留学人员结构。实施来华留学预备教育,增加高等学校外语授课的学科专业,不断提高来华留学教育质量。加强与联合国教科文组织等国际组织的合作,积极参与双边、多边和全球性、区域性教育合作。积极参与和推动国际组织教育政策、规则、标准的研究和制定。搭建高层次国际教育交流合作与政策对话平台,加强教育研究领域和教育创新实践活动的国际交流与合作。加强内地与港澳台地区的教育交流与合作。扩展交流内容,创新合作模式,促进教育事业共同发展。

2.加强团结协作　推动国际教育
交流合作更高质量发展

来源：教育部网站

10 月 22 日,2021 中国国际教育研讨会全体大会在京召开。会议以"育新机、开新局,建设开放的高质量教育体系"为主题,分析研判新征程中教育对外开放高质量发展的实施路径,擘画全球教育合作新蓝图。中国教育部部长怀进鹏出席并讲话。中国教育国际交流协会会长刘利民主持大会开幕式。

怀进鹏指出,面对疫情,中国政府坚持人民至上、生命至上,坚持"停课不停学",保障了广大学生的生命健康和受教育权。中国脱贫攻坚战取得全面胜利,贫困家庭学生辍学实现动态清零,为阻断贫困代际传递奠定了坚实基础,中国提前 10 年实现了联合国 2030 年可持续发展议程的减贫目标。

怀进鹏表示,中国教育在顺利实现"有学上"的基础上,正在加快构建满足人民"上好学"愿望的高质量教育体系,将着眼优先发展、公平可及、因材施教、开放灵活,努力让教育资源全程伴随每个人、让教育成果平等面向每个人、让教育过程全面发展每个人、让教育效能深度助力每个人,办好人民满意的教育。

怀讲鹏倡议:一是坚持共赢共生,深化教育合作。各国应以合作攻克教育难题,加强教育政策沟通和资源共享,推动各国人民共享教育改革发展成果,提升全球发展的公平性、有效性、协同性。二是坚持创新创造,引领事业发展。各国应积极推进教育改革创新,强化教育链和人才链、产业链、创新链的有机衔接和融合发展,不断提升教育自身发展的能力和服务经济社会发展的水平。三是坚持互学互鉴,促进民心相通。各国应加强国际理解教育和跨文化沟通教育,为教师和学生提供相互学习、交流互鉴的平台和机会,让教育为民心相通助力,厚植构建人类命运共同体的民意基础。

3.中国学生发展核心素养

来源:人民网

9 月 13 日上午,中国学生发展核心素养研究成果发布会在北京师范大学举行。北京师范大学校长董奇、教育部基础教育二司副司长申继亮出席会议并致辞。来自教育学界和心理学界的知名专家学者、教育行政部门人员和一线教育工作者代表等参加了会议。

核心素养的概念

学生发展核心素养,主要指学生应具备的,能够适应终身发展和社会发展需要的必备品格和关键能力。

核心素养的内容

总体框架

中国学生发展核心素养,以科学性、时代性和民族性为基本原则,以培养"全面发展的人"为核心,分为文化基础、自主发展、社会参与三个方面。综合表现为人文底蕴、科学精神、学会学习、健康生活、责任担当、实践创新六大素养,具体细化为国家认同等十八个基本要点。

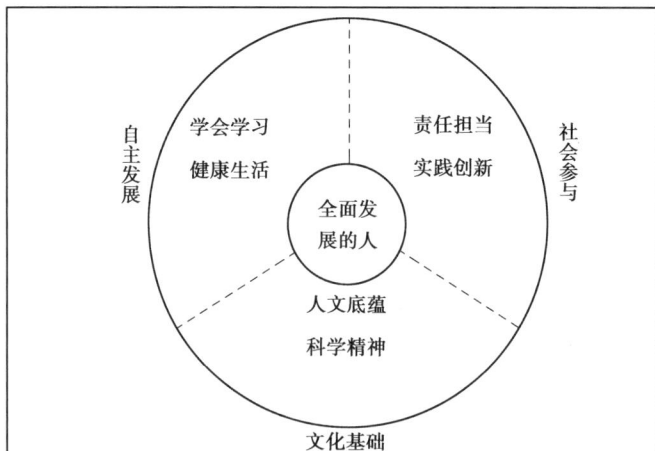

基本内涵

维度	核心素养	基本要点	主要表现描述
文化基础	人文底蕴	人文积淀	重点是：具有古今中外人文领域基本知识和成果的积累；能理解和掌握人文思想中所蕴含的认识方法和实践方法等。
		人文情怀	重点是：具有以人为本的意识，尊重、维护人的尊严和价值；能关切人的生存、发展和幸福等。
		审美情趣	重点是：具有艺术知识、技能与方法的积累；能理解和尊重文化艺术的多样性，具有发现、感知、欣赏、评价美的意识和基本能力；具有健康的审美价值取向；具有艺术表达和创意表现的兴趣和意识，能在生活中拓展和升华美等。
	科学精神	理性思维	重点是：崇尚真知，能理解和掌握基本的科学原理和方法；尊重事实和证据，有实证意识和严谨的求知态度；逻辑清晰，能运用科学的思维方式认识事物、解决问题、指导行为等。
		批判质疑	重点是：具有问题意识；能独立思考、独立判断；思维缜密，能多角度、辩证地分析问题，做出选择和决定等。
		勇于探究	重点是：具有好奇心和想象力；能不畏困难，有坚持不懈的探索精神；能大胆尝试，积极寻求有效的问题解决方法等。
自主发展	学会学习	乐学善学	重点是：能正确认识和理解学习的价值，具有积极的学习态度和浓厚的学习兴趣；能养成良好的学习习惯，掌握适合自身的学习方法；能自主学习，具有终身学习的意识和能力等。
		勤于反思	重点是：具有对自己的学习状态进行审视的意识和习惯，善于总结经验；能够根据不同情境和自身实际，选择或调整学习策略和方法等。
		信息意识	重点是：能自觉、有效地获取、评估、鉴别、使用信息；具有数字化生存能力，主动适应"互联网+"等社会信息化发展趋势；具有网络伦理道德与信息安全意识等。

续表

维度	核心素养	基本要点	主要表现描述
自主发展	健康生活	珍爱生命	重点是:理解生命意义和人生价值;具有安全意识与自我保护能力;掌握适合自身的运动方法和技能,养成健康文明的行为习惯和生活方式等。
		健全人格	重点是:具有积极的心理品质,自信自爱,坚韧乐观;有自制力,能调节和管理自己的情绪,具有抗挫折能力等。
		自我管理	重点是:能正确认识与评估自我;依据自身个性和潜质选择适合的发展方向;合理分配和使用时间与精力;具有达成目标的持续行动力等。
社会参与	责任担当	社会责任	重点是:自尊自律,文明礼貌,诚信友善,宽和待人;孝亲敬长,有感恩之心;热心公益和志愿服务,敬业奉献,具有团队意识和互助精神;能主动作为,履职尽责,对自我和他人负责;能明辨是非,具有规则与法治意识,积极履行公民义务,理性行使公民权利;崇尚自由平等,能维护社会公平正义;热爱并尊重自然,具有绿色生活方式和可持续发展理念及行动等。
		国家认同	重点是:具有国家意识,了解国情历史,认同国民身份,能自觉捍卫国家主权、尊严和利益;具有文化自信,尊重中华民族的优秀文明成果,能传播弘扬中华优秀传统文化和社会主义先进文化;了解中国共产党的历史和光荣传统,具有热爱党、拥护党的意识和行动;理解、接受并自觉践行社会主义核心价值观,具有中国特色社会主义共同理想,有为实现中华民族伟大复兴中国梦而不懈奋斗的信念和行动。
		国际理解	重点是:具有全球意识和开放的心态,了解人类文明进程和世界发展动态;能尊重世界多元文化的多样性和差异性,积极参与跨文化交流;关注人类面临的全球性挑战,理解人类命运共同体的内涵与价值等。

续表

维度	核心素养	基本要点	主要表现描述
社会参与	实践创新	劳动意识	重点是:尊重劳动,具有积极的劳动态度和良好的劳动习惯;具有动手操作能力,掌握一定的劳动技能:在主动参加的家务劳动、生产劳动、公益活动和社会实践中,具有改进和创新劳动方式、提高劳动效率的意识;具有通过诚实合法劳动创造成功生活的意识和行动等。
		问题解决	重点是:善于发现和提出问题,有解决问题的兴趣和热情;能依据特定情境和具体条件,选择制订合理的解决方案;具有在复杂环境中行动的能力等。
		技术应用	重点是:理解技术与人类文明的有机联系,具有学习掌握技术的兴趣和意愿;具有工程思维,能将创意和方案转化为有形物品或对已有物品进行改进与优化等。

核心素养的研究背景

一是全面贯彻党的教育方针,落实立德树人根本任务的迫切需要。党的教育方针从宏观层面规定了教育的培养目标,对于我国的人才培养具有全局性的指导意义。把党的教育方针具体化、细化、转化为学生应该具备的核心素养,更有利于其在具体的教育教学过程中贯彻落实。

二是适应世界教育改革发展趋势,提升我国教育国际竞争力的迫切需要。随着世界多极化、经济全球化、文化多样化、社会信息化深入发展,各国都在思考21世纪的学生应具备哪些核心素养才能成功适应未来社会这一前瞻性战略问题,核心素养研究浪潮席卷全球。面对日趋激烈的国际竞争,我国要深入实施人才强国战略,提升教育国际竞争力,也必须解决这一关键问题。

三是全面推进素质教育,深化教育领域综合改革的迫切需要。近年来,素质教育取得显著成效,但也存在课程教材的系统性、适宜性不强,高校、中小学课程目标有机衔接不够,部分学科内容交叉重复,学生的社会责任感、创新精神和实践能力较为薄弱等具体问题。要解决这些问题,关键是进一步丰富素质教育的内涵,建立以"学生核心素养"为统领的课程体系和评价标准,树立科学的教育质量观。

核心素养的研究遵循的原则

第一,坚持科学性。紧紧围绕立德树人的根本要求,坚持以人为本,遵循学生身心发展规律与教育规律,将科学的理念和方法贯穿研究工作全过程,重视理论支撑和实证依据,确保研究过程严谨规范。

第二,注重时代性。充分反映新时期经济社会发展对人才培养的新要求,全面体现先进的教育思想和教育理念,确保研究成果与时俱进、具有前瞻性。

第三,强化民族性。着重强调中华优秀传统文化的传承与发展,把核心素养研究植根于中华民族的文化历史土壤,系统落实社会主义核心价值观的基本要求,突出强调社会责任和国家认同,充分体现民族特点,确保立足中国国情、具有中国特色。

核心素养的落实途径

一是通过课程改革落实核心素养。基于学生发展核心素养的顶层设计,指导课程改革,把学生发展核心素养作为课程设计的依据和出发点,进一步明确各学段、各学科具体的育人目标和任务,加强各学段、各学科课程的纵向衔接与横向配合。

二是通过教学实践落实核心素养。学生发展核心素养明确了"21世纪应该培养学生什么样的品格与能力",指导教师在日常教学中更好地贯彻落实党的教育方针,改变当前存在的"学科本位"和"知识本位"现象。此外,通过学生发展核心素养的引领,可以帮助学生明确未来的发展方向,激励学生朝着这一目标不断努力。

三是通过教育评价落实核心素养。学生发展核心素养是检验和评价教育质量的重要依据。建立基于核心素养的学业质量标准,明确学生完成不同学段、不同年级、不同学科学习内容后应该达到的程度要求,把学习的内容要求和质量要求结合起来,可以有力推动核心素养的落实。

4.教育部国际司(港澳台办)负责人就《关于加快和扩大新时代教育对外开放的意见》答记者问

来源:《中国教育报》

基础教育领域,我们将加强中小学国际理解教育,帮助学生树立人类命运共同体意识,培养德智体美劳全面发展且具有国际视野的新时代青少年。

问:过去一个时期,我国通过中外合作办学引进了一批境外优质教育资源。与此同时,海外对中国教育资源的需求也在上升,请问《意见》在"引进来""走出去"方面作出了哪些新的部署?

答:近年来,我们积极引进境外优质教育资源,鼓励中外教育机构开展强强合作或强项合作,实现了教育资源供给多样化,满足了学生不出国门享受高质量国际化教育的需求。目前,经教育部批准和备案的各层次中外合作办学机构和项目近2300个,其中本科以上机构和项目近1200个。为加快和扩大教育对外开放,助力高校"双一流"建设,《意见》将从三个方面加大中外合作办学改革力度。一是完善法律制度,推进《中外合作办学条例》及其实施办法修订工作,为开放办学、规范办学、高水平办学提供制度保障。二是创新工作机制,通过"项目备案制""部省联合审批"等改进审批方式,完善评估和退出机制。三是鼓励先行先试,配合国家新一轮改革开放,探索适当放宽合作办学主体和办学模式的限制,给予相应的鼓励引导政策或实行准入特别管理措施。

随着中国与世界的联系日益紧密和共建"一带一路"持续深入推进,"走出去"办学日益成为我国教育对外开放的重要内容。目前,我国高校在近50个国家举办了100多个不同类型和层次的境外办学机构和项目。为引导学校自主、高效、有序赴境外办学,《意见》明确了量力而行、依法办学、质量优先、稳步发展的基本思路。2019年9月,中国高等教育学会发布了《高等学校境外办学指南》。下一步,教育部将加大统筹力度,完善支持政策。同时,我们将积极推动应用型本科、职业院校配合我国企业"走出去",开展协同办学,实现共同发展。我们还将扩大在线教育国际辐射力,支持各级各类学校和机构开发具有中国特色和国际竞争优势的专业课程、教学管理模式和评价工具。借力"中国教育云",建立中国特色国际课程推广平台。

问:新冠疫情给海外留学人员的健康和安全带来挑战。结合贯彻落实《意见》,教育部将如何克服疫情影响,做好出国留学工作?

答:新冠疫情发生以来,教育部时刻牵挂、关心海外留学人员的健康和安全,坚决落实党和国家对海外留学人员的关心关爱,持续做好防疫指导、物资保障、患者救治、心理支持、困难帮扶、安全保护等工作,尽最大努力维护广大留学人员的切身利益和合法权益。随着毕业季来临,教育部面向留学人员及时发布招聘信息和优惠政策,采取线上线下相结合的方式为广大留学人员组织招聘活动,第十五届"春晖杯"中国留学人员创新创业大赛已如期在线启动。

疫情对出国留学的影响将是暂时的。《意见》重申将继续通过出国留学渠道培养我国现代化建设需要的各类人才。我们将积极开拓优质教育资源合作渠道,拓展出国留学空间。同时,维护留学人员合法权益和切实利益,始终是党和国家关心、广大留学人员和家长关注的问题。我们将坚持"以人民为中心"的发展理念,下大力气完善"平安留学"机制,将应对疫情过程中摸索出的行之有效的做法进一步制度化、常态化,为广大学子实现留学梦保驾护航。

问:《意见》提出做强"留学中国"品牌,为实现这一目标,来华留学在质量建设方面将推出哪些举措?

答:做强"留学中国"品牌,归根到底要靠提高来华留学教育的质量和管理水平。近年来,教育部围绕提高质量、规范管理采取了一系列举措,接下来,我们将按照《意见》的部署和要求,打造来华留学重点项目和精品工程,多措并举推动来华留学实现内涵式发展,做强"留学中国"品牌。

一是实施质量规范。《意见》重申要实施好《来华留学生高等教育质量规范(试行)》,这是指导高校开展来华留学教育的基本规范。教育部将继续狠抓责任落实,指导各地各校落实落细《规范》各项要求,组织专家开展督导调研,及时发现并处理问题。

二是完善质量标准。今年3月,教育部出台了《中国政府奖学金工作管理办法》,明确了奖学金申请人的资格条件。5月,教育部委托相关专业协会就来华留学生英文授课临床医学本科教育发布了质量标准。下一步,教育部将推动出台来华留学质量认证的标准、预科教育标准以及各类专业教育标准,通过完善质量标准体系,保证国际学生培养质量。

三是强化质量保障。教育部将在鼓励第三方行业组织对来华留学开展质量认证的基础上,建立健全质量保障机制,加强监督,严格问责,切实保障来华留学教育健康有序发展。

四是建设专业队伍。自2010年起,教育部已连续举办了30期英语授课师资培训班和22期全国来华留学管理干部培训班,并在全国建设了52个来华留学示范基地,评选了300门英语授课品牌课程。按照《意见》要求,教育部将继续加大师资和管理干部培训力度,积极发挥示范基地和品牌课程的引领作用,带动来华留学质量水平的整体提升。

问:《意见》提出积极向国际社会贡献教育治理中国方案。请问中国将如何积极参与全球教育治理?

答:中国坚定支持多边教育合作,是全球教育治理的重要参与者和推动者。近年来,中国在联合国、二十国集团、亚太经合组织、上海合作组织、金砖国家等多边机制下的教育合作中发挥了积极的建设性作用。中国还发挥主场优势,在华成功举办了国际职业技术教育与培训大会、国际教育信息化大会、国际人工智能与教育大会、亚洲文明对话——维护亚洲文明多样性论坛、"一带一路"青年创意与遗产论坛等高规格国际会议。

新冠疫情给各国教育造成不同程度的冲击,实现联合国《2030年可持续发展议程》教育目标面临更大挑战。新形势下,中国将打造"一带一路"教育行动升级版,扩大教育国际公共产品供给,积极分享在"停课不停学"、有序复学复课等方面的经验做法,向国际社会特别是广大发展中国家提供力所能及的帮助。中国还将深化与联合国教科文组织等多边机构的合作,为全球教育发展贡献中国力量,为全球教育治理贡献中国方案。

问:最后,请谈谈如何确保《意见》贯彻落实和落地见效。

答:《意见》明确了各级党委、政府的职责,强调在党委统一领导下,推动政府充分发挥统筹协调作用,把教育对外开放纳入重要议事日程。同时,《意见》明确了建立健全多部门协调联动机制的要求,此次八部门联合印发文件,为部门分工协作奠定了基础。此外,《意见》还对人才、经费等方面的保障作出了部署。

教育部将进一步提高政治站位、强化主责意识,把扎实推进《意见》的贯彻落实工作作为一项重要任务。我们将持续开展对《意见》的宣传解读,进一步统一思想、凝聚共识;我们将面向教育系统外事干部开展专题培训,共同提高政策水平和业务能力;我们将践行"一线规则",坚持分区分片推进,与有关地方、高校和驻外使领馆一道细化落实举措;我们将深入学习贯彻党的十九届四中全会精神,牢牢扭住制度建设这个关键,在前期工作基础上,继续实施教育对外开放制度建设三年行动(2019—2021 年),持续推进配套文件研制工作,为新时代教育对外开放提供坚强制度保障。

5.探索全球胜任力培养路径

来源:《中国社会科学报》

在全球化时代,跨国界、跨文化合作交流日趋频繁,环境、能源、安全卫生等挑战需要全球协作共同应对。面向未来全球化人才需求,探索既立足本国实际,又兼具国际视野和能力的人才培养路径,成为学界关注的热点。

全球胜任力是教育趋势

自美国哈佛大学和经济合作与发展组织相继提出全球胜任力概念以来,具有国际竞争力的国际化人才需求竞争日益激烈,全球胜任力成为国际教育领域的热点话题。北京师范大学国际与比较教育研究院副院长滕珺表示,当今世界正经历百年未有之大变局,培养学生"全球胜任力"是中国教育未来发展趋势。经合组织提出的"全球胜任力"框架及测评工具,主要包括四个维度,即能够体察本土、全球和跨文化问题;能够理解并欣赏他者的观点和世界观;参与开放、得体和有效的跨文化互动;能够为集体福祉和可持续发展采取负责任的行动。

培养具有全球胜任力的人才有助于了解外部世界,也有利于更好地推动全球化。中国社会科学院世界经济与政治研究所国际贸易研究室副主任苏庆义谈到,如今中国正扛起推动全球化的大旗,我们需要让世界了解中国。具有全球胜任力的人才能够准确地宣传推介中国,推动中国走向世界。全球性议题的出现与解决,往往依赖于不同领域的交叉分析,在掌握专门知识的基础上,了解不同领域知识的人才越来越重要。在全球化和信息化时代,培养具有较强沟通能力和执行力的人才,能够减少分歧,推动各项议程和工作有序进行。

"全球胜任力是一种个人或组织与多背景的全球利益攸关者们打交道的能力。"山东大学(威海)全球胜任力研究院院长贾文山谈到,它包括个人、组织和有关政府机构在全球范围内及时准确地研判重大事务,与全球利益攸关者们进行有效沟通、交流乃至竞争和斗争等方面的一系列专业化技能。

南京师范大学教育科学学院教授张蓉告诉记者,全球胜任力也称全球素养,是各国针对全球化提出的未来人才应具备的重要能力。总的来说,是指人们在全球社会生存与发展所需的知识、能力、态度和价值观,包括具有国际知识,了解世界历史、世界地理、国际政治经济、国际组织机构的作用等。要具有国际能力,具有国际理解的情感、态度和价值观,从全人类利益、全球观点出发考虑问题。

构建具有中国特色的指标框架

谈及如何培养全球胜任力,滕珺认为,要培养学生的核心素养,要在扎实做好国家课程的基础上,开设国际理解的课程,增强学科渗透理念,综合运用这些知识分析、解决本土、国际问题。换言之,全球胜任力其实是学生核心素养在国际环境下的延伸和拓展。

"青少年全球素养的培养必须立足于本国的教育环境。"张蓉谈到,国际理解教育是一种培养青少年全球素养的教育活动。基于我国目前国际理解教育的现实,我们需要充分发挥政府的主导作用,制定指导中小学开展国际理解教育的政策规划;加大教育投入,推进不同地区国际理解教育的整体协调发展,缩小区域差距,加强对现有研究机构和专业组织的引领,积极开展对全球素养培养的系统研究,为地方和中小学国际理解教育的开展提供专业指导;系统开发国际理解教育的各层次课程,采取多样化的国际理解教育课程实施方式,注重国际理解教育课程的探究性学习;深化教师教育改革,提升教师全球素养。

贾文山表示,我国的教育与培训应适当借鉴国际人才培养模式,逐步构建中国特色的全球胜任力培养体系,有效推进"一带一路"建设和新型全球化,为构建人类命运共同体作出扎实贡献。

6.国际理解教育如何助力
"平视世界的一代"

来源:《中国青年报》

11月10日,在成都王府外国语学校的课堂上,国际理解教育课程教师袁靖乔向孩子们展示了一组图片,左边是中式建筑,右边则是西式建筑。"请同学们说说对这两个建筑的看法。"袁靖乔说。

在课堂总结环节,袁靖乔告诉孩子们,文明没有高下优劣之分,只有特色、地域之别,只有在交流当中才能融合,在融合当中才能进步。

这一堂课通过互联网分享到了第十届国际理解教育学术年会的现场。从不同建筑文化的对比,到不同服饰穿着的分析,再到历史文化的梳理,国际理解教育课程包罗万象。

在成都市教育科学研究院院长罗清红看来,国际理解教育是通过课程目标和实施路径探索,帮助孩子们理解国际文化,在与世界对话之中传播好中国的声音,讲好中国的故事。

一开始,电子科技大学实验学校地理教师朱宏骁也摸不着头绪。这位年轻的地理教师查了资料后,尝试把全球争议性话题引入课堂,让学生通过角色扮演,了解世界文明与冲突。他选择了以热带雨林的破坏为切入口,让学生回家仔细翻看洗发露、土豆片等产品的配料表,找一找是否有棕榈油的配料。

在《热带雨林的命运》课堂上,朱宏骁向孩子们提出了一个难题:如果我们的日用品需要消耗大量的棕榈油,但会对热带雨林带来破坏,那么会选择开发还是保护?他把孩子们分成了热带雨林的原住民、政府和日用品公司三个阵营展开辩论,让不同阵营的学生去尝试说服对方。辩论之中,他发现有的孩子气得脸鼓鼓的,有的孩子忍不住滔滔不绝。在课堂总结环节,他追问学生们,除了辩论是否还有别的方法可以推动解决矛盾冲突。如果不同立场的人愿意合作,去为热带雨林的保护和开发作出贡献,那么世界会变得越来越好。

在这位地理教师看来,国际理解课程的核心是要告诉学生们:"尊重、理解、合作才能推动世界进步。"

在教学研讨中,成都市武侯区教科院教研员武婷婷也曾有类似的困惑:国际理解教育课程究竟应该呈现什么样的课堂,要如何选择与学生认知和思维能力相匹配的教材?经过摸索后,她发现要选择能体现人类文明进步与发展方向的题材,且与学生的生活和兴趣爱好息息相关,让内容具备科学性、趣味性和育人价值。

"让学生参与跨文化的交流,以游学、辩论、角色扮演等形式让学生理解不同文化,形成对文化艺术交流融合的认知。"武婷婷说。

从事国际理解教育探索长达 12 年,成都市温江区教育局党组成员、副局长赖政坦言,对国际理解教育的认识经历了从模糊到清晰,课程实施上从局部到系统,教学模式上慢慢实现了国际理解教育与中小学教育工作及其他课程体系的融合。

就在今年 5 月,教育部中外人文交流中心印发了《中外人文交流教育实验区国际理解教育项目实施指南(试行)》。其中为国际理解教育写下了一个明确的定义:中小学依据国家教育政策文件,参考国际相关文件和经验做法,为培养学生跨文化理解和交流能力、拓展学生国际视野、提高学生发展核心素养、帮助学生树立人类命运共同体意识而面向全体学生组织开展的各类相关教育教学活动。其中还强调,目前实施国际理解教育项目的学校共 148 所。国际理解教育发展遭遇"成长难题"国际理解教育项目实施的学校正遭遇哪些"成长难题"?

近年来,首都师范大学高等教育研究所所长王晓阳带领团队去往北京、山西运城、辽宁大连、四川成都、广东深圳、江西九江等 6 个地区的 14 所中学开展国际理解教育实践调研。他们与学校校长、教学副校长、参与国际理解课程教学的教师和学生展开对话,并向 13 所学校发放问卷调查,从课程目标达成度、课程类型丰富度、课程主题包容度、教学方式多元性 7 个维度构建评价指标。调研团队与北京王府公益基金会合作撰写了《从理解到实践:国际理解教育课程体系框架 2021—2022》报告(以下简称报告)。

报告显示,超过 20%的学生表示,至少每个月能参与一次专门开设的国际理解教育课程或学生国际组织模拟活动;超过 30%的学生表示,至少每个月能参与一次与国际文化、全球问题相关的主题班会。但问题也在报告之中显现出来。王晓阳介绍,由于专业团队、师资队伍、场地资金、培训机制等资源比较欠缺,学校在实施国际理解教育课程中还处于摸索阶段,尚未形成比较系统、科学的课程体系,国际理解教育课程实施效果也不明显。

通过调研报告数据比对分析,目前学生"对国际关系、世界发展动态的认识""与不同国家人的沟通交流能力""理解人类命运共同体的内涵与价值"以及"对自己充满信心(自我价值)"等方面的综合评分较低,在学生国际理解素养和行为的培养上还存在短板。在调研之中,让王晓阳担忧的是,"部分学校觉得国际理解教育跟高考没有关系,在时间和资源投入上较少。"在他看来,国际理解教育是培养学生的核心素养,帮助学生增长国际视野。其中对于小学生、初中生和高中生有不同梯度的要求,比如在小学阶段可以通过活动建立起对世界的感性认知,而在初中和高中阶段,则可以深入探讨不同价值观差异。

王晓阳发现,由于目标缺失,各学校国际理解校本课程的组织缺乏核心价值观,难以把国家政策中对学生国际理解素养的要求落实到教学活动中,缺乏与目标相适应的课程质量评价标准。在师资力量和教研工作上,国际理解教育也存在发展短板。超过80%的教师提到缺乏到国外交流机会和教师培训;超过70%的教师提到出于安全考虑不方便开展活动,以及升学压力、缺乏课程资源等困难;超过60%的教师提到缺乏政府支持、缺乏与外国人交流的机会、缺乏国际沟通的技能等问题。

王晓阳认为,国际理解课程可以开展模拟联合国、在线与其他国家学生交流、主题班会、英语角等活动。"只要学校给予支持,教师组织就能开展起来,但目前来看开展水平远远没有达到理想程度。"

在成都王府外国语学校,初一一班陈家琪通过视频电话告诉中青报·中青网记者,"以前觉得只有旗袍最好看,但在美术课堂上,老师分享了其他国家的服装图片,慢慢去接纳了不同服饰,理解了其他国家小伙伴的文化。"

在"05后"初中学生李锡广的眼中,唐朝古建筑和西方的城堡一样壮观辉煌,"在课堂里,我明白不要去贬低其他国家文化,要取长补短,共同进步"。

"与他们的父辈相比,未来青少年走出去的道路越来越宽,沟通合作的朋友圈越来越大,他们将在与世界各国青年的交流合作中展现构建人类命运共同体的青春担当。"在北京王府公益基金会理事长潘军看来,未来的青少年一定是具有国际理解素养的一代,他们要具有全球意识和开放的心态,了解人类文明进程和世界发展动态,尊重多元文化,并积极参与跨文化交流,理解人类命运共同体的内涵。

10 年发展,如今部分学校的国际理解教育结合当地特色探索出一条条新的发展路径。成都的学校把川菜、川剧、武侯祠、羌藏彝文化等为代表的川渝特色文化设计成课程内容;深圳的学校则利用其特有的地理优势,与港澳及在深高新技术企业,开发大量具有珠三角特色的课程内容。为了提高国际理解教育教师队伍的教学水平,成都市教育科学研究院组织了国际理解教育课堂教学设计优秀案例征集和评选等活动,形成一批可供研讨和交流的国际理解优质课例。成都市大弯中学教学课程中心副主任陈道丽发现,国际理解教育课堂越来越"活"了。"依托本土资源,把中欧班列沿线国家的风土文化体验之旅引入课堂,摆脱了课本和材料的束缚,学生可以在实践中理解国际文化。"这位一线教师建议,国际理解教育不仅仅是口头的教育,而在未来可以打造一种实践性、体验性的新型课堂。

要真正破解国际理解教育地区不均、课程目标不清等问题,王晓阳深感道路还很长,他认为,未来还要进一步探讨基于核心素养的国际理解教育框架体系,加强对国际理解教育不平衡发展及地区差异的认识,开展国际理解教育共同体建设实践的研究。要系统开展国际理解教育素养标准及评价体系和国际理解教育的经验研究。"国际理解教育是一个值得关注的教育课题,但系统化研究仍然任重道远。"王晓阳说。

参考文献

著作类:

[1] 马克思,恩格斯.马克思恩格斯选集(第1、2、3、4卷)[M].中共中央马克思恩格斯列宁斯大林著作编译局,译.北京:人民出版社,2012.

[2] 马克思,恩格斯.马克思恩格斯文集(第1、8、31、42卷)[M].中共中央马克思恩格斯列宁斯大林著作编译局,译.北京:人民出版社,2009.

[3] 中共中央宣传部.习近平总书记系列重要讲话读本[M].北京:学习出版社、人民出版社,2014.

[4] 中共中央宣传部.习近平总书记系列重要讲话读本(2016年版)[M].北京:学习出版社、人民出版社,2016.

[5] 习近平.习近平谈治国理政(第三卷)[M].北京:外文出版社,2020.

[6] 徐辉.比较教育的新进展:国际教育初探[M].成都:四川教育出版社,2005.

[7] 赵中建.全球教育发展的研究热点:90年代来自联合国教科文组织的报告[M].北京:教育科学出版社,2003.

期刊类:

[1] 陈洪捷,张应强,阎光才,等.人才问题与西部高等教育发展专题(笔谈)[J].重庆高教研究,2020(6):5-22.

[2] 林丹.论构建人类命运共同体的中国创新与世界价值[J].中国石油大学学报(社会科学版),2019(3):39-44.

[3] 孙吉胜.中国国际话语权的塑造与提升路径:以党的十八大以来的中国外交实践为例[J].世界经济与政治,2019(3):19-43,156.

[4]余爱水.中华文化孕育出中国外交独特魅力[J].人民论坛,2019(30):46-49.

[5]张贵洪.联合国与联合国学[J].国际政治研究,2020(4).

[6]胡强.马克思主义自由观对高校思想政治教育的当下价值[J].学校党建与思想教育,2020(21).

[7]张明舟.儿童文学与人类命运共同体意识的养成[J].民主,2019(6):51-52.

[8]常健.构建人类命运共同体与全球治理新格局[J].人民论坛·学术前沿,2017(12):35-41.

[9]谢立中.走向东亚共同体:东亚社会面临的困境与出路[J].社会学评论,2013(5):3-11.

[10]秦洪武,周霞.中国全球治理话语传播效果评估:以"命运共同体"为例[J].当代外语研究,2018(4):25-33+108.

[11]田鹏颖.历史唯物主义与"人类命运共同体"[J].马克思主义研究,2018(1):119-127+160.

[12]奚亚英.以"人类命运共同体"理念审视当前国际理解教育[J].人民教育,2020(22):68-71.

[13]姜英敏.全球化时代我国国际理解教育的理论体系建构[J].清华大学教育研究,2017(1):87-93.

[14]张坤,张卓.优秀传统文化在高校思政课教学中的运用研究[J].集美大学学报(教育科学版),2020(4):1-4.

报刊类:

[1]习近平.加强政党合作　共谋人民幸福:在中国共产党与世界政党领导人峰会上的主旨讲话[N].人民日报,2021-07-07.

[2]习近平.开放共创繁荣　创新引领未来:在博鳌亚洲论坛2018年年会开幕式上的主旨演讲[N].解放军报,2018-04-11.

[3]青岛日报编辑部.着眼新时代　绘制新蓝图[N].青岛日报,2018-06-08.

[4]习近平.在第七十五届联合国大会一般性辩论上的讲话[N].人民日报,2020-09-23.

[5]张烁.加快和扩大新时代教育对外开放[N].人民日报,2020-06-23.